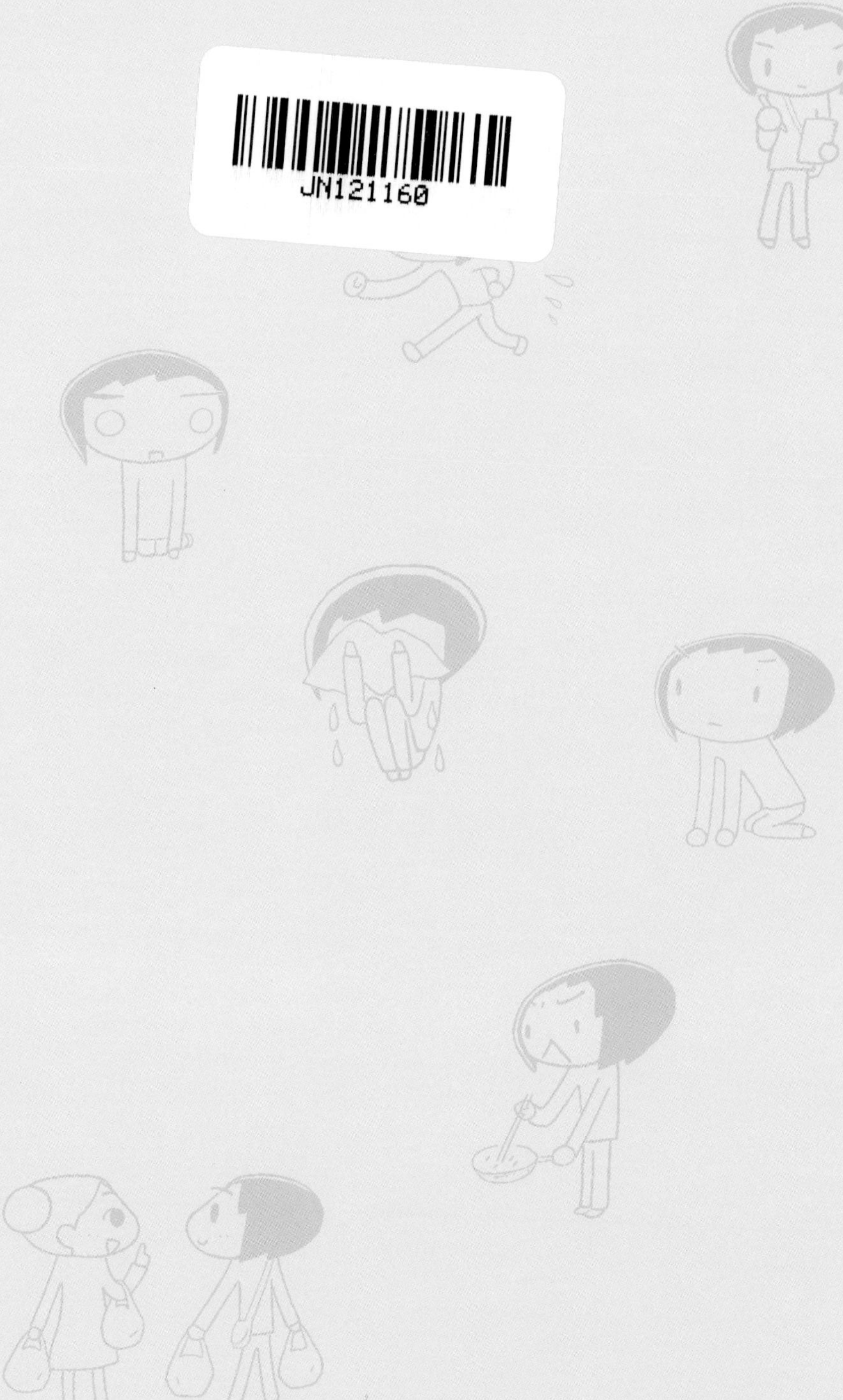

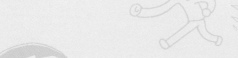

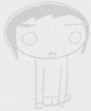

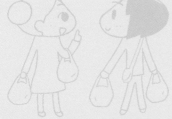

池《いけ》田《だ》暁《きょう》子《こ》の
必《ひつ》要《よう》十《じゅう》分《ぶん》料《りょう》理《り》

池田暁子
Kyoko Ikeda

TRANSVIEW

プロローグ

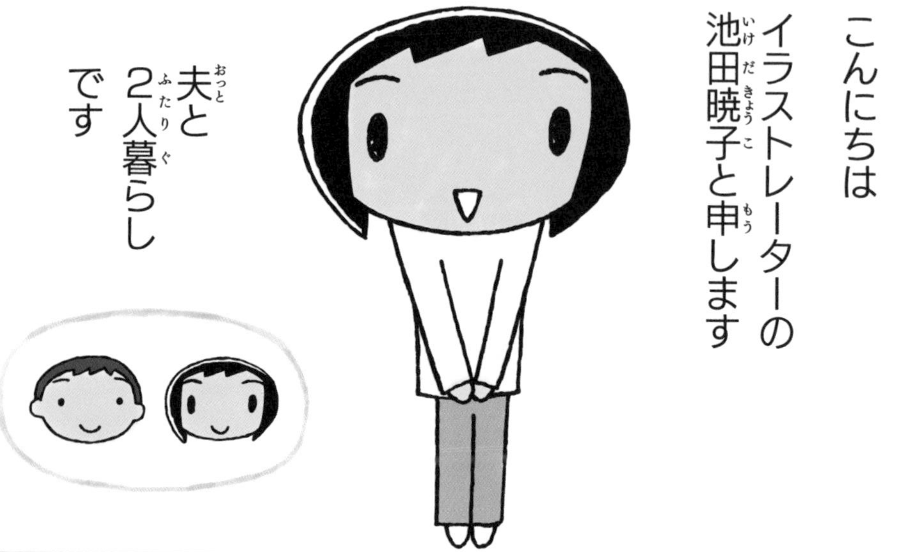
こんにちは
イラストレーターの
池田暁子《いけだきょうこ》と申《もう》します
夫《おっと》と
2人《ふたり》暮《ぐ》らし
です

これまでにいくつかの苦手《にがて》を自力《じりき》で克服《こくふく》して
ハウツーを兼《か》ねた体験談《たいけんだん》を描《か》いてきました
片《かた》づけ
整理《せいり》
¥0
ぜロえん
貯金《ちょきん》
時間《じかん》の使《つか》い方《かた》
…が！
ど〜〜〜うしても
克服《こくふく》できなかったのが

料《りょう》理《り》・・・
お店《みせ》の食材《しょくざい》をいくら見《み》ても
これとこれであれを作《つく》ろう！
…とかぜんぜん思《おも》い浮《う》かばなくて
スーパーで途方《とほう》に暮《く》れる日々《ひび》
もう…今日《きょう》はお弁当《べんとう》で…
いやいや
昨日《きのう》もお弁当《べんとう》だったし…
お弁当《べんとう》ばかりではお金《かね》がかかりすぎる！自分《じぶん》で調理《ちょうり》しないと！
どれをどうすればいいんだ
もう…今日《きょう》はお弁当《べんとう》で…
いやいや

弁当《べんとう》・惣菜《そうざい》コーナーと
食材《しょくざい》コーナーを
行《い》ったり来《き》たり…
ぐる
もう…
今日《きょう》は
お弁当《べんとう》で…
ぐる
できなかった
証拠《しょうこ》の
空《あ》き容器《ようき》が
どんどん増《ふ》えて
毎日《まいにち》辛《つら》い
努力《どりょく》を…
まったく
してこなかった
わけでもない
別冊
NHK きょうの料理
基本のおかず167点
肉のおかず／魚のおかず／野菜のおかず／卵のおかず
豆腐のおかず／ご飯・めん／汁・スープ・なべ
おいしさのコツ
教えます
ぜひ覚えたいおかず
←23歳《さい》の時《とき》に
買《か》った本《ほん》
レシピを見《み》れば
ひと品《しな》は
作《つく》れる…けど
献立《こんだて》の組《く》み立《た》て方《かた》も
わからないし
余《あま》った食材《しょくざい》を
どうしたらいいかも
わからないし…
傷《いた》んでいくのを
見《み》て見《み》ぬふり
「使《つか》う」とも
「捨《す》てる」とも
決断《けつだん》できなくて
どう見《み》ても
捨《す》てるしかない
感《かん》じになるのを
心《こころ》のどこかで
待《ま》ってる…
ごめんなさい
ごめんなさい

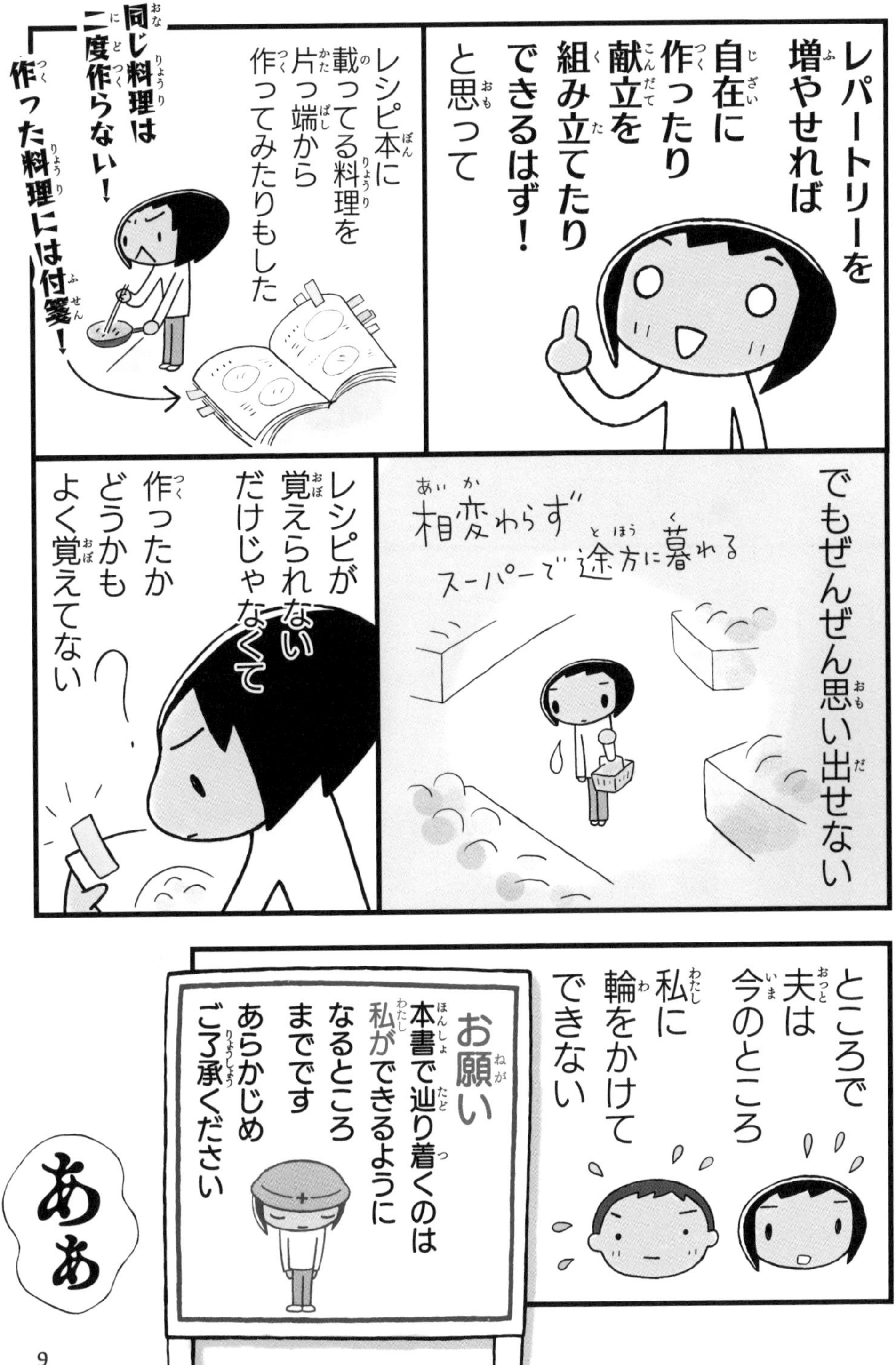

レパートリーを増《ふ》やせれば自在《じざい》に作《つく》ったり献立《こんだて》を組《く》み立《た》てたりできるはず！と思《おも》って
レシピ本《ぼん》に載《の》ってる料理《りょうり》を片《かた》っ端《ぱし》から作《つく》ってみたりもした
同《おな》じ料理《りょうり》は二度《にど》作《つく》らない！
作《つく》った料理《りょうり》には付箋《ふせん》！
でもぜんぜん思《おも》い出《だ》せない
相変《あいか》わらずスーパーで途方《とほう》に暮《く》れる
レシピが覚《おぼ》えられないだけじゃなくて作《つく》ったかどうかもよく覚《おぼ》えてない
ところで夫《おっと》は今《いま》のところ私《わたし》に輪《わ》をかけてできない
お願《ねが》い
本書《ほんしょ》で辿《たど》り着《つ》くのは私《わたし》ができるようになるところまでです
あらかじめご了承《りょうしょう》ください
ああ

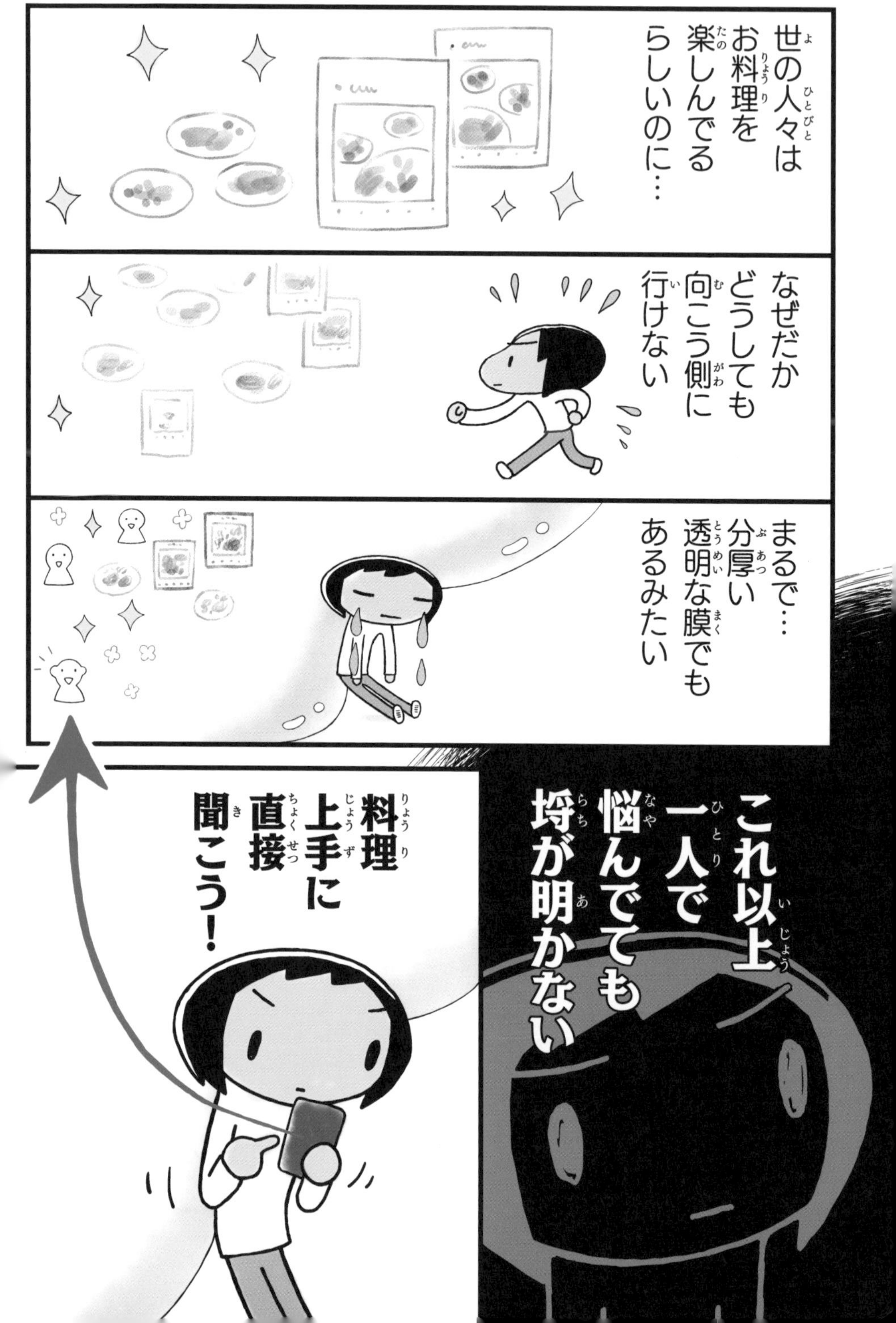
世《よ》の人々《ひとびと》は
お料理《りょうり》を
楽《たの》しんでる
らしいのに…
なぜだか
どうしても
向《む》こう側《がわ》に
行《い》けない
まるで…
分厚《ぶあつ》い
透明《とうめい》な膜《まく》でも
あるみたい
これ以上《いじょう》
一人《ひとり》で
悩《なや》んでても
埒《らち》が明《あ》かない
料理《りょうり》
上手《じょうず》に
直接《ちょくせつ》
聞《き》こう！

ちーちゃん
自《じ》他《た》ともに
認《みと》める
料《りょう》理《り》上《じょう》手《ず》

突然《とつぜん》ごめん！
ちょっとお願《ねが》いが…

なにー？

お料理《りょうり》教《おし》えて！

いいよー

ありがとうっ！
助《たす》かった！！！

買《か》い物《もの》から
見《み》せてもらってもいい？

いいよー

ゼロから全部《ぜんぶ》
見《み》たいから…
事前《じぜん》の下拵《したごしら》えとかは
しないでね

うんわかった

ほんとに
ありがとう！
楽《たの》しみ！！！

そうだっ！
せっかくだから
裏側《うらがわ》も見《み》よう！

これでやっと
料理《りょうり》ができるように
なる…のか!?

池田暁子《いけだきょうこ》の必要十分料理《ひつようじゅうぶんりょうり》
目次《もくじ》

第《だい》3章《しょう》

「ちゃんと食《た》べる」はけっこう大《たい》変《へん》だ

第《だい》4章《しょう》

「献《こん》立《だて》」が怖《こわ》い！

第《だい》5章《しょう》

不《ま》味《ず》くなく作《つく》るには？

料《りょう》理《り》上《じょう》手《ず》はなぜ自《じ》分《ぶん》のことを料《りょう》理《り》上《じょう》手《ず》だと思《おも》っているのか

回《まわ》り回《まわ》って評判《ひょうばん》を聞《き》くからかな
たとえばA《エー》さんに食《た》べてもらったら…
おいしーー
後日《ごじつ》B《ビー》さんが…
「ちーちゃんが作《つく》った○○がすごく美味《おい》しかった」ってA《エー》さんから聞《き》いたよ！こんど私《わたし》にも作《つく》って！
B《ビー》さん
みたいなことが時々《ときどき》あって…
ほかの人《ひと》にもおすすめしたっていうことは本当《ほんとう》に美味《おい》しいと思《おも》ってもらえたということかなって
なるほどたしかに！本人《ほんにん》がいないところでもほめるならきっと本当《ほんとう》だね

料理《りょうり》上手《じょうず》のちーちゃんと待《ま》ち合《あ》わせ
ワクワク
ワクワク

第《だい》1章《しょう》 料理《りょうり》上手《じょうず》に密着《みっちゃく》してみた

何《なに》ひとつ見逃《みのが》さない!!!
絶対《ぜったい》マスターしてやるっ!
ジャジャッ
ゴウッ
シュタタタタタタ
想像図《そうぞうず》

買《か》い物《もの》を見学《けんがく》してから

ちーちゃんちについて行《い》って

料理《りょうり》するところを見《み》せてもらったのですが…
なんか…
料理《りょうり》上手《じょうず》って…
ぜんぜんバタバタしてない
思《おも》ってたのとちがうぞ…？
ゆったりニコニコ
慌《あわ》てず騒《さわ》がす

ゲストと一緒《いっしょ》に
食《た》べたり飲《の》んだり
ただただ
楽《たの》しそう
なのに
ステキな
お料理《りょうり》が
次々《つぎつぎ》に
出《で》てきて
すいっ
その
どれもが
めちゃくちゃ
美味《おい》しい!
ね

カンタンでしょ!
う…うん
たしかに…見《み》るからに難《むずか》しそうなことは何《なに》もしてなかった
もしかして…私《わたし》がお料理《りょうり》を難《むずか》しいものだと思い込んで勝手《かって》にハードルを上《あ》げてるからできなかっただけ…なの?
難《むずか》しく考《かんが》えないで!
やってみて♪
できるよ!
というわけで――料理《りょうり》するのを見《み》ながら必死《ひっし》でメモしたレシピでいくつか作《つく》ってみたところ…

おいしくない
オーブン焼《や》きの
お肉《にく》はカチカチ
野菜《やさい》はパサパサ
ちーちゃんのは
ふっくらしっとり
してたのに…
サラダは…
ジャガイモは
茹《ゆ》ですぎで
もんやり
してるし
ちーちゃんのは
ホクホク
だったのに…
生《なま》の
マッシュルームは
「え？
火《ひ》を通《とお》さ
なくて
大丈夫《だいじょうぶ》？」
って感《かん》じに…
ちーちゃんが
やると
オシャレで
美味《おい》しいのに…
パスタのトマトは
ぐじゃっと
水《みず》っぽくて…
「ホントに
これでいいの？
何《なに》か
足《た》りなくない？」
って感《かん》じ…
ちーちゃんのは
「美味《おい》しい!!!
こんなにシンプルで
いいんだ！」
って感動《かんどう》したのに…
ちーちゃん
………

カンタン…じゃないよ？
どういうこと!?
あの日《ひ》
ちーちゃんは…
本当《ほんとう》は何《なに》をしてたの？
第《だい》1話《わ》完《かん》

ちーちゃんが作《つく》ってくれたのはこんな6品《しな》
スナップエンドウとジャガイモのサラダパルミジャーノ和《あ》え
ホタテのカルパッチョマスタードソース
豚肩《ぶたかた》ロースと野菜《やさい》のオーブン焼《や》きローズマリー風味《ふうみ》
フレッシュトマトとレモンピールとバターのパスタ
真鯛《まだい》のアクアパッツァ
魚介《ぎょかい》のスープのリゾット
1人《ひとり》でこんなに…
どうやって作《つく》ってたんだっけ？

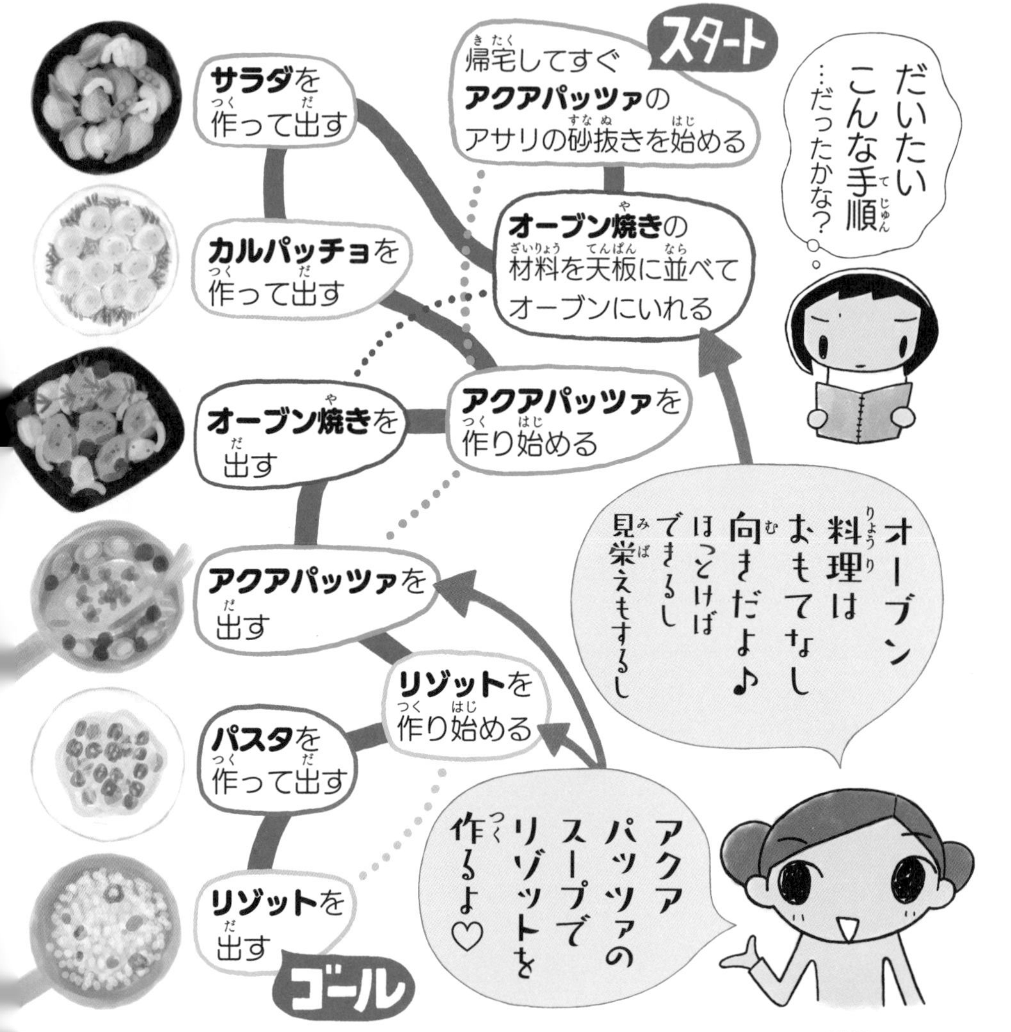
スタート
帰宅《きたく》してすぐアクアパッツァのアサリの砂抜《すなぬ》きを始《はじ》める
オーブン焼《や》きの材料《ざいりょう》を天板《てんぱん》に並《なら》べてオーブンにいれる
サラダを作《つく》って出《だ》す
カルパッチョを作《つく》って出《だ》す
アクアパッツァを作《つく》り始《はじ》める
オーブン焼《や》きを出《だ》す
アクアパッツァを出《だ》す
リゾットを作《つく》り始《はじ》める
パスタを作《つく》って出《だ》す
リゾットを出《だ》す
ゴール
だいたいこんな手順《てじゅん》…だったかな？
オーブン料理《りょうり》はおもてなし向《む》きだよ♪ほっとけばできるし見栄《みば》えもするし
アクアパッツァのスープでリゾットを作《つく》るよ♡

めっっっちゃやること多《おお》いよ？
私《わたし》だったら絶対《ぜったい》取《と》り乱《みだ》してしまうし
話《はな》しかけないでっ！わからなくなっちゃう!!
料理《りょうり》もキッチンもぐっちゃぐちゃになってしまう
ちーちゃんのキッチン…始《はじ》めから終《お》わりまでずっとキレイなままだった…

ちーちゃんのお料理《りょうり》は盛《も》りつけも綺麗《きれい》
見《み》た目《め》が美味《おい》しそうかどうかも すごく大事《だいじ》だよ
サラダの豆《まめ》の鞘《さや》をいくつか開《ひら》いてわざと中《なか》を見《み》せたり
ハーブやスパイスをひと皿《さら》に何種類《なんしゅるい》も使《つか》いこなしたり
マスタード
エシャレット
ディル
ピンクペッパー
私《わたし》には初耳《はつみみ》の「ピンクペッパー」もちーちゃんには欠《か》かせないスパイス
あったあ!
良《よ》かったぁ!
これね ちょっと高《たか》いけど
爽《さわ》やかないい香《かお》りがするんだよ♡
お気《き》に入《い》りの店《みせ》を回《まわ》って手際《てぎわ》良《よ》く買《か》い物《もの》をこなすちーちゃん
今日《きょう》は… ホウボウはないのか… 出汁《だし》がよく出《で》て美味《おい》しいんだけど…
じゃあ真鯛《まだい》にしよう 美味《おい》しいし格好《かっこう》いいし
エラワタ抜《ぬ》きはお店《みせ》の人《ひと》にお願《ねが》いしよう
下処理《したしょり》のサービスがあればお願《ねが》いしちゃった方《ほう》が早《はや》いよ
臨機《りんき》応変《おうへん》!
合理的《ごうりてき》!
マダイ
ホウボウ
このお店《みせ》は新鮮《しんせん》な野菜《やさい》が安《やす》く買《か》えるよ
マッシュルームも新鮮《しんせん》なら生《なま》でいけるよ♪
……あれ!?
ちょっと待《ま》って…
ちーちゃん………
あの日《ひ》……

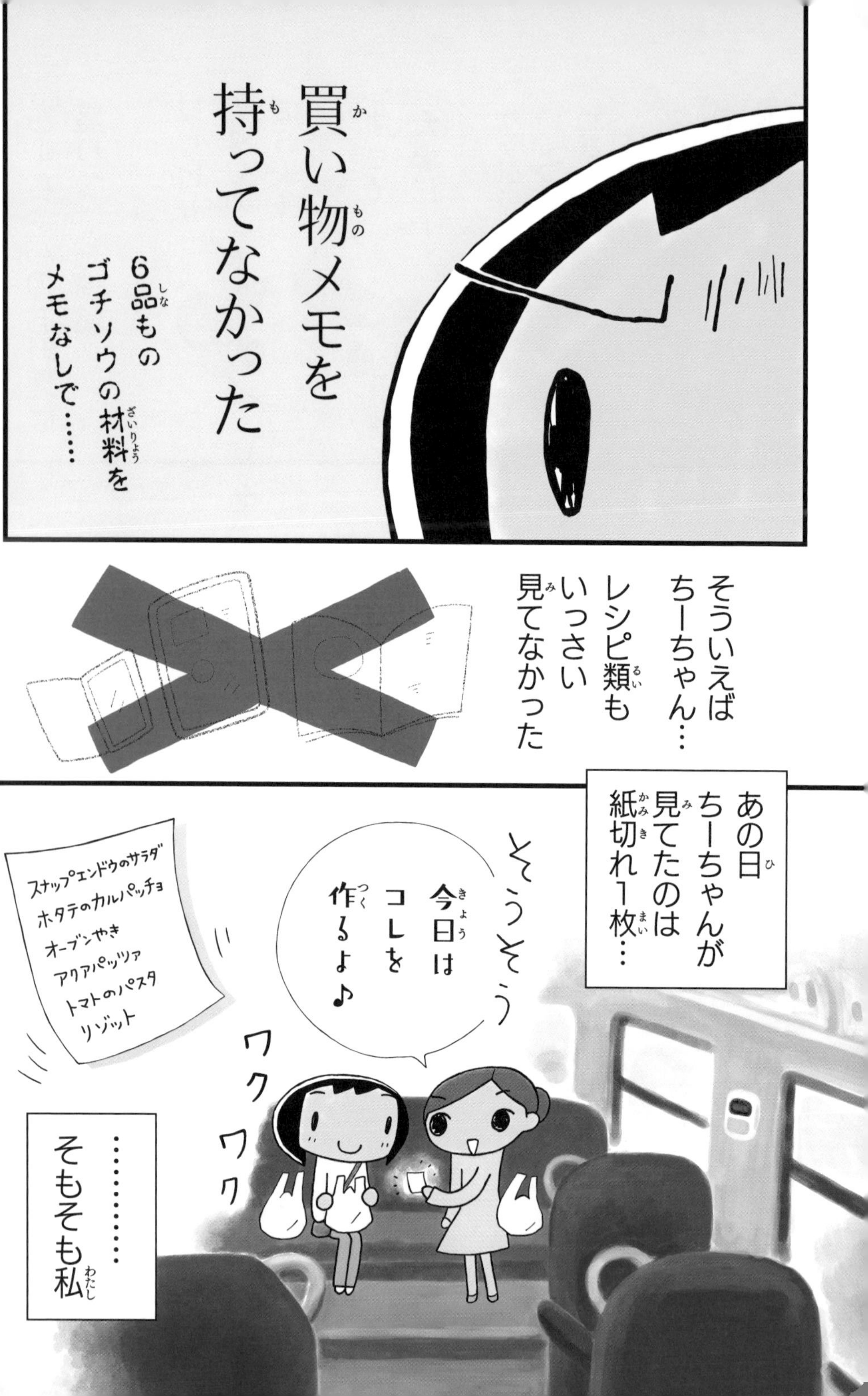
買《か》い物《もの》メモを
持《も》ってなかった
6品《しな》もの
ゴチソウの材料《ざいりょう》を
メモなしで……
そういえば
ちーちゃん…
レシピ類《るい》も
いっさい
見《み》てなかった
あの日《ひ》
ちーちゃんが
見《み》てたのは
紙切《かみき》れ1枚《まい》…
そうそう
今日《きょう》は
コレを
作《つく》るよ♪
スナップエンドウのサラダ
ホタテのカルパッチョ
オーブンやき
アクアパッツァ
トマトのパスタ
リゾット
ワク
ワク
……そもそも私《わたし》

あんなオシャレなコース組《く》み立《た》てられない
「アクアパッツァ」初耳《はつみみ》だし
これまでずっとレシピ＝お料理《りょうり》だと思《おも》ってたけど…
絶対《ぜったい》マスターしてやるっ！
そんな簡単《かんたん》な話《はなし》じゃなくない？
どうやらレシピって…

ちーちゃんが
わかってて
できてること
全体《ぜんたい》の
ごくごく
一部《いちぶ》の
ようだし
レシピだけ
教《おそ》わっても
生《い》かせない
私《わたし》が作《つく》ると
美味《おい》しくない
ちーちゃん…
どういうこと？
なんで
そんなに
デキるの？
教《おし》えてっ！
たびたび
ごめんっ
第《だい》2話《わ》完《かん》

なんでも聞《き》いて！
ありがとう！
ちーちゃんてお料理《りょうり》のことすごくよく知《し》ってるよね
お店《みせ》で食《た》べて知《し》ってるの？
うん
ついこの間《あいだ》も
いいお店《みせ》を見《み》つけたから4日《よっか》連続《れんぞく》で…
4日《よっか》も!?
連続《れんぞく》で？
なんで!??
えっだって

そのお店《みせ》のメニュー全部《ぜんぶ》食《た》べてみたいでしょ？
ぜ…全部《ぜんぶ》…
食《た》べてみたいものですか？？？
つい毎回《まいかい》同《おな》じもの頼《たの》んじゃう人《ひと》
あの…ちーちゃん…
同《おな》じ名前《なまえ》のお料理《りょうり》でも…「肉《にく》じゃが」とか「牛《ぎゅう》すじ煮込《にこ》み」とか
お店《みせ》によって味《あじ》って違《ちが》うの？
一軒《いっけん》一軒《いっけん》みんな違《ちが》うよっ!?
で

仕事中《しごとちゅう》とかのぜんぜん関係《かんけい》ない時《とき》にふと○○の××が食《た》べたいっ!!!という風《ふう》にお店《みせ》と料理《りょうり》をピンポイントで思《おも》い出《だ》したりするよ
そ…そんなことって…
ありますか?
私《わたし》はない多分《たぶん》これまで生《い》きてきて1回《かい》もない
暑《あつ》い日《ひ》に外《そと》であああっ今《いま》すぐ冷《つめ》たいビール飲《の》みたいっ!って思《おも》うことならあるけど
お店《みせ》で食《た》べて美味《おい》しかったものを家《いえ》で再現《さいげん》してみたりもするの?
うん隠《かく》し味《あじ》が何《なに》かとかは常《つね》に無意識《むいしき》に探《さく》ってるかな
レシピ本《ぼん》を見《み》ることもある?
あるよこの前《まえ》の

トマトのパスタは本《ほん》で見《み》て「美味《おい》しそう♪」と思《おも》ったのがきっかけで作《つく》るようになったよ
①湯《ゆ》むきして2センチ角《かく》ぐらいに切《き》ったトマトをバターで炒《いた》めたところに
②茹《ゆ》でたパスタを加《くわ》えてざっと混《ま》ぜて塩胡椒《しおこしょう》して味見《あじみ》して
③盛《も》りつけてレモンの皮《かわ》をすりおろす
だいたいこんな感《かん》じ
レシピだけを見《み》て美味《おい》しいかどうかわかるの？
うんだいたいわかるよ
レシピの通《とお》りに作《つく》る？
いろいろかな～レシピに忠実《ちゅうじつ》に作《つく》ってみることもあるしレシピを参考《さんこう》に自分《じぶん》でアレンジすることもあるし
アレンジ……！
ちーちゃん…私《わたし》ね…レシピを勝手《かって》に変《か》えてもいいのかどうかわからなくて…
え～!!!自由《じゆう》に好《す》きなようにやっていいんだよ～♪
楽《たの》しんで！
まあ聞《き》いて
この前《まえ》うちでね…

「キムチ豆乳鍋《とうにゅうなべ》」でーす
本《ほん》を見《み》て作《つく》ったよ
夫《おっと》
これ…マイタケいれるって書《か》いてあった?
なかったけど…鍋《なべ》だしキノコいれてもいいかなと思《おも》って
本《ほん》に載《の》ってた材料《ざいりょう》
豆乳《とうにゅう》
豆腐《とうふ》
豚《ぶた》バラ薄切《うすぎ》り肉《にく》
長《なが》ネギ
鶏《とり》がらスープの素《もと》
しょうゆ
キムチ
書《か》いてないってなんでわかったの? 教《おし》えて!!!
う…うん
豆乳《とうにゅう》もキムチも匂《にお》いが強《つよ》いでしょ? マイタケも匂《にお》いが強《つよ》いからちょっとぶつかっちゃってるかなと思《おも》って…
あーたしかに! キムチ豆乳鍋《とうにゅうなべ》にマイタケはないかなぁ
ちーちゃんさっき「自由《じゆう》にやっていい」って…
マイタケの匂《にお》いってそんなに強《つよ》いの?
うん マイタケ特有《とくゆう》の強《つよ》めの香《かお》りがあるよね
キノコの匂《にお》いって…それぞれそんなに違《ちが》うの?

あははは
やだぁ
ぜんっぜん
違《ちが》う
じゃん!
そうなん
だ…
松茸《まつたけ》が違《ちが》うのは
わかるんだけど
他《ほか》は
あんまり…
お吸《す》いもの
遠《とお》くからでも
それぞれ
ハッキリ
わかるよ?
私《わたし》は…
袋《ふくろ》を開《あ》けてすぐ
顔《かお》を近《ちか》づけて
よく嗅《か》げば
なんとなく
わかるかな…
ぐらいかも
私《わたし》の鼻《はな》…ちーちゃんの鼻《はな》よりかなり弱《よわ》いらしい!
何《なに》そのハンデ!?
聞《き》いてないよ!!!
第《だい》3話《わ》完《かん》

キノコの匂《にお》いって…
種類《しゅるい》によって
ぜんぜん違《ちが》う
らしい

エリンギ
エノキタケ
ブナシメジ
シイタケ
マイタケ

エリンギ
エノキタケ
ブナシメジ
シイタケ
マイタケ

ものの本《ほん》にはこんなことが…

神経生理学者《しんけいせいりがくしゃ》のパトリック・マックレオドによると、味覚《みかく》とは「95%《パーセント》が嗅覚《きゅうかく》で、5%《パーセント》が味《あじ》。おもな情報《じょうほう》の大半《たいはん》は鼻腔《びこう》から脳《のう》に入《はい》る」そうです。(※1)

何種類《なんしゅるい》ものフレーバーがあるアイスクリームを食《た》べくらべてみてください。いろいろな〝味《あじ》〟があるように感《かん》じますが、鼻《はな》をつまむと味《あじ》はどれもシンプルに「甘《あま》い」だけになります。いろいろな〝味《あじ》〟の違《ちが》いは、本当《ほんとう》はすべてにおいの違《ちが》いなのです。(※2)

つまり私《わたし》は
味《あじ》オンチ!

決定

※1『子どもの味覚を育てる 親子で学ぶ「ピュイゼ理論」』 CCCメディアハウス
※2『味のなんでも小辞典 甘いものはなぜ別腹?』 講談社ブルーバックス

……と いうことは
ちーちゃんと
私《わたし》とでは
同《おな》じものを食《た》べても

見《み》ている景色《けしき》が
まるで違《ちが》うのでは!?
これまでずっと…
なんとかして
料《りょう》理《り》上《じょう》手《ず》に
ならなければ!
そのためには
もっと…
料《りょう》理《り》に
興《きょう》味《み》を持《も》って…

食《た》べ歩《ある》きをしたり…
レシピを見《み》て
作《つく》って
食《た》べてみたりして
レパートリーを
増《ふ》やすために
努力《どりょく》しなきゃ！
…とは思《おも》うんだけどできてない…
と長《なが》い間《あいだ》
苦《くる》しんできた
……………けど！
感《かん》じ取《と》れてないものには興味《きょうみ》の持《も》ちようがなくない？
ちーちゃんは多分《たぶん》
「努力《どりょく》しなきゃ！」
とか思《おも》ってない
食《た》べることが
面白《おもしろ》くて大好《だいす》きなだけ
わあっ！
スゴイ！
もっと！
ぜんぶ!!!
ずん
ずん
映れっ！
その昔《むかし》——

運動《うんどう》オンチは
すぐにわかった
縄《なわ》跳《と》びと
まりつきが
私《わたし》だけできない
〜幼稚園《ようちえん》にて〜
きょうこちゃん
ガンバッテ
先生《せんせい》が毎日《まいにち》見《み》てくださって
それぞれ4〜5回《かい》
できるようになった
「スポーツは
向《む》いてない」
と早々《そうそう》に
割《わ》り切《き》れたので
特《とく》に球技《きゅうぎ》が
意味《いみ》わからんぐらい
できない
ペチッ
逆《ぎゃく》にできる人は
なんでできるのか不思議《ふしぎ》
オリンピック選手《せんしゅ》を
目指《めざ》して
次《つぎ》こそは…
次《つぎ》こそは…
次《つぎ》こそは…
何十年《なんじゅうねん》も
苦《くる》しみ続《つづ》けたりは
してない
だけど

味《あじ》オンチは長《なが》い間《あいだ》わからなかった
そんなにハッキリ差《さ》があったとは…！
味覚《みかく》センサー
よわよわ
アジワカラーン星人《せいじん》
超高性能味覚《ちょうこうせいのうみかく》センサー
塔載《とうさい》
アジワカール星人《せいじん》
「お料理《りょうり》は向《む》いてない」と割《わ》り切《き》ることはできなくて
料理上手《りょうりじょうず》にならなければ…
頑張《がんば》ったらできるはず！
なのに頑張《がんば》れてない…
料理上手《りょうりじょうず》を目指《めざ》して
プレーンオムレツを上手《じょうず》に作《つく》るぞ！
ある程度《ていど》できるようになったら飽《あ》きた
何十年《なんじゅうねん》も挑戦《ちょうせん》や挫折《ざせつ》を
いろんな餃子《ぎょうざ》を作《つく》るぞ！
中味《なかみ》を何種類《なんしゅるい》か試《ため》したら飽《あ》きた
繰《く》り返《かえ》してきた
焼《や》きソバを焦《こ》げつかせないためには？
パラパラチャーハンを作《つく》るには？
4～5年《ねん》に1回《かい》
1週間《しゅうかん》ずつぐらい
でも…もう…

よくない？
料理《りょうり》上手《じょうず》に
なれなくても
ていうか！
なれるもんなら
とっくに
なってるって！
ずーっと
なりたがってるん
だし！
料理《りょうり》上手《じょうず》って
「目指《めざ》す」ものじゃ
なくて…
ちーちゃんみたいに
食《た》べるの
大大大好《だいだいだいす》きな人《ひと》が
毎日毎日毎日毎日《まいにちまいにちまいにちまいにち》
作《つく》って食《た》べて
作《つく》って食《た》べて
してるうちに
自然《しぜん》に
「なっていく」もの
だと思《おも》う
私《わたし》にはお料理《りょうり》
向《む》いてない！
食《た》べることは
嫌《きら》いじゃないけど
特《とく》に好《す》きでもないし
やめだやめだ！
料理《りょうり》上手《じょうず》なんか
もう目指《めざ》さないっ！
ええー!?
第《だい》4話《わ》完《かん》

ちーちゃんって…
お店《みせ》で食《た》べたものの味《あじ》を全部《ぜんぶ》覚《おぼ》えてるの？
うん
味《あじ》だけじゃなくて
お店《みせ》の様子《ようす》とか
メニューとか
誰《だれ》と誰《だれ》がいたかとか
どんな話《はなし》をしたかとか
まるっとセットでインプットされるよ
な…なにそれ凄《すご》いね…
この話《はなし》を聞《き》いて私《わたし》は昔《むかし》読《よ》んだある本《ほん》を思《おも》い出《だ》しました

BLUE BACKS
記憶と情動の脳科学
「忘れにくい記憶」の作られ方
ジェームズ・L・マッガウ著 大石高生／久保田競 監訳
“ショッキングな記憶”を忘れられないのはなぜ?
脳科学が解き明かす記憶の神秘
『記憶《きおく》と情動《じょうどう》の脳科学《のうかがく》
「忘《わす》れにくい記憶《きおく》」の作《つく》られ方』
この本《ほん》によると…
驚《おどろ》きや恐《おそ》れ、怒《いか》り、
悲《かな》しみ、喜《よろこ》びのような
心《こころ》の動《うご》き（情動《じょうどう》）が
記憶《きおく》を強《つよ》めるのだとか
……で
思《おも》ったんですけど
ちーちゃんは
味覚《みかく》が鋭《するど》いので
ひと口《くち》ひと口《くち》に
めちゃくちゃ
心《こころ》を動《うご》かされて
いるから
周囲《しゅうい》の事柄《ことがら》も一緒《いっしょ》に
記憶《きおく》に
刻《きざ》み込《こ》まれてるの
かも…
おおっ
ビシ
わあっ
なんと!
ビシ
ビシ
どうでしょう!?

料理《りょうり》上手《じょうず》に密着《みっちゃく》してみて…
自分《じぶん》が味《あじ》オンチだとわかった
アジワカール星人《せいじん》
アジワカラーン星人《せいじん》

第《だい》2章《しょう》 自分《じぶん》のやることがわかった

もういいよできないままでっ！
料理《りょうり》なんて得意《とくい》な人《ひと》だけが楽《たの》しめばいいんだ…
そんな折《おり》――
古《ふる》い友人《ゆうじん》から連絡《れんらく》があって
久々《ひさびさ》に会《あ》うことになりました
行《い》く行《い》くっ！

積《つ》もる話《はなし》をしたり
街《まち》をぶらついたり…
ひょんなことから
こんな話《はなし》になって…
私《わたし》ね 手《て》相《そう》も ちょっと わかるよ
えええっ 見《み》て見《み》て！
うーん 池《いけ》ちゃんは ねぇ もっと…
ドキ
ドキ

鉄分《てつぶん》摂《と》った方《ほう》がいいよ
へ？
小松菜《こまつな》とか
ブロッコリーとか
アサリもいいよ
ど
……

どれもまったく食《た》べてないぞ！
お見通《みとお》しよ
なんでわかるん…
うちの食生活《しょくせいかつ》
ごはん
焼《や》いたお肉《にく》
＋
焼《や》き肉《にく》のたれ
献立《こんだて》とか
よくわからないので
キュウリの切《き》ったの
＋マヨネーズ
みそ汁《しる》
（ごくたまに）
これではお腹《なか》がいっぱいにならないので
食後《しょくご》にお菓子《かし》（いつも）
体《からだ》に…良《よ》くはない…よね？
私《わたし》は…
食《しょく》への興味《きょうみ》は
薄《うす》いけど…ほかに

好《す》きなことや
やりたいことが
山《やま》のようにある
ひとつずつ！
大渋滞《だいじゅうたい》！
ひとつずつ！
頑張《がんば》って！
自分《じぶん》に言《い》いきかせ中《ちゅう》
時間《じかん》が
いくらあっても
足《た》りない
5年《ねん》10年《ねん》
すぐ経《た》っちゃう
時間《じかん》が
欲《ほ》しい
できることなら
なるべく元気《げんき》で
長《なが》生《い》きしたい
もし

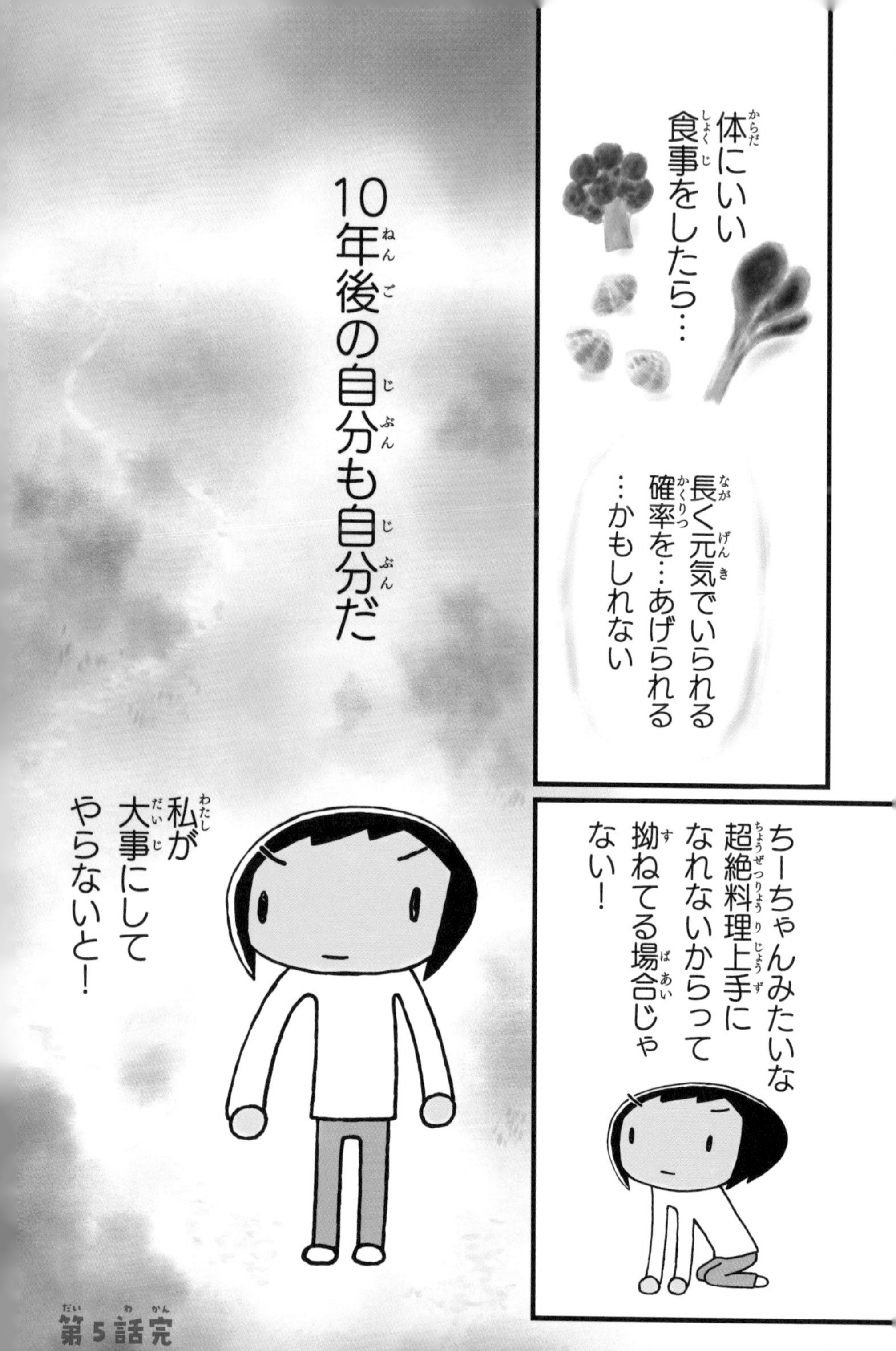
体《からだ》にいい
食事《しょくじ》をしたら…
長《なが》く元気《げんき》でいられる
確率《かくりつ》を…あげられる
…かもしれない
ちーちゃんみたいな
超絶料理《ちょうぜつりょうり》上手《じょうず》に
なれないからって
拗《す》ねてる場合《ばあい》じゃ
ない！
10年後《ねんご》の自分《じぶん》も自分《じぶん》だ
私《わたし》が
大事《だいじ》にして
やらないと！
第《だい》5話完《わかん》

第《だい》6話《わ》 私《わたし》の古《ふる》ぼけた「健康《けんこう》3か条《じょう》」を更新《こうしん》した

ところで 体《からだ》にいい食事《しょくじ》…って？
こんな感《かん》じ？
アブラ控《ひか》えめ
塩分《えんぶん》控《ひか》えめ
1日《にち》30品目《ひんもく》
これ…あってるのかな？
私《わたし》長《なが》いことなんとなくこう思《おも》ってるけど
具体的《ぐたいてき》にどうすればいいかもわかってないし
1回《かい》ちゃんと見直《みなお》した方《ほう》がいいかも？
ということで

本《ほん》を読《よ》んだり
ドキュメンタリー映画《えいが》を
観《み》たりと
さんざん
勉強《べんきょう》してみたの
ですが……
覚《おぼ》えられん！
特《とく》に
わからないのが
アブラ
要注意《ようちゅうい》なアブラと比較的安心《ひかくてきあんしん》なアブラとがあってどっちかがなんちゃら脂肪酸《しぼうさん》でどっちかがなんちゃら脂肪酸《しぼうさん》らしいんだけどどっちがどっちなのか何《なん》のアブラがどっちに入《はい》るのか何回見《なんかいみ》ても覚《おぼ》えられない
プロに聞《き》こう
区《く》のHP《ホームページ》を見《み》て
無料健康相談《むりょうけんこうそうだん》を
電話予約《でんわよやく》した
健康診断《けんこうしんだん》の結果《けっか》も
一応持参《いちおうじさん》した

※健康相談等《けんこうそうだんとう》についてはお住《す》まいの地方自治体《じちたい》（都道府県《とどうふけん》や市区町村《しくちょうそん》）にお問《と》い合《あ》わせください

アブラは…
常温《じょうおん》で固体《こたい》のアブラに
特《とく》に気《き》をつけてください
常温《じょうおん》で液体《えきたい》のアブラ
例《れい》
サラダ油《あぶら》
ごま油《あぶら》
オリーブオイル
魚《さかな》のアブラ
など
比較的安心《ひかくてきあんしん》
ただし摂《と》り過《す》ぎると太《ふと》る
揚《あ》げ物《もの》は食《た》べ過《す》ぎに注意《ちゅうい》しよう
炒《いた》め物《もの》に使《つか》ったりサラダに少《すこ》しいれたりする程度《ていど》なら心配《しんぱい》ないっぽい
常温《じょうおん》で固体《こたい》のアブラ
例《れい》
バター
肉《にく》のアブラ
など
要《よう》注《ちゅう》意《い》
摂《と》り過《す》ぎると血管《けっかん》などによくないと言《い》われている
控《ひか》えめに食《た》べるようにしよう

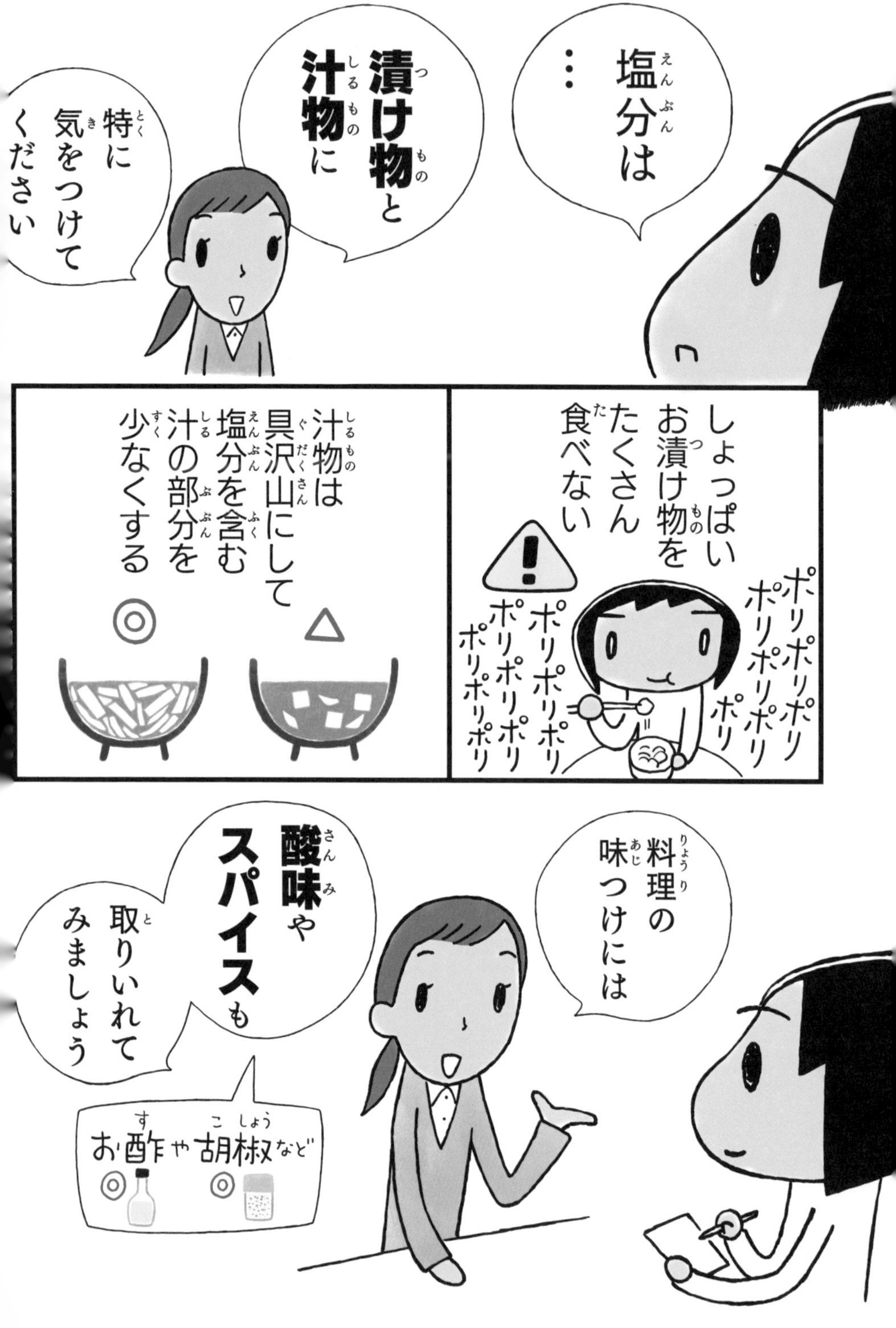

塩分《えんぶん》は…
漬《つ》け物《もの》と汁物《しるもの》に
特《とく》に気《き》をつけてください
しょっぱいお漬《つ》け物《もの》をたくさん食《た》べない
ポリポリポリ
ポリポリポリ
ポリ
ポリポリポリ
ポリポリポリ
ポリポリポリ
汁物《しるもの》は具沢山《ぐだくさん》にして塩分《えんぶん》を含《ふく》む汁《しる》の部分《ぶぶん》を少《すく》なくする
△
◎
料理《りょうり》の味《あじ》つけには
酸味《さんみ》やスパイスも取《と》りいれてみましょう
お酢《す》や胡椒《こしょう》など
◎
◎

※1：厚生省（当時）が策定。※2：文部省（当時）・厚生省（当時）・農林水産省が連携して、※1を改訂して策定した。

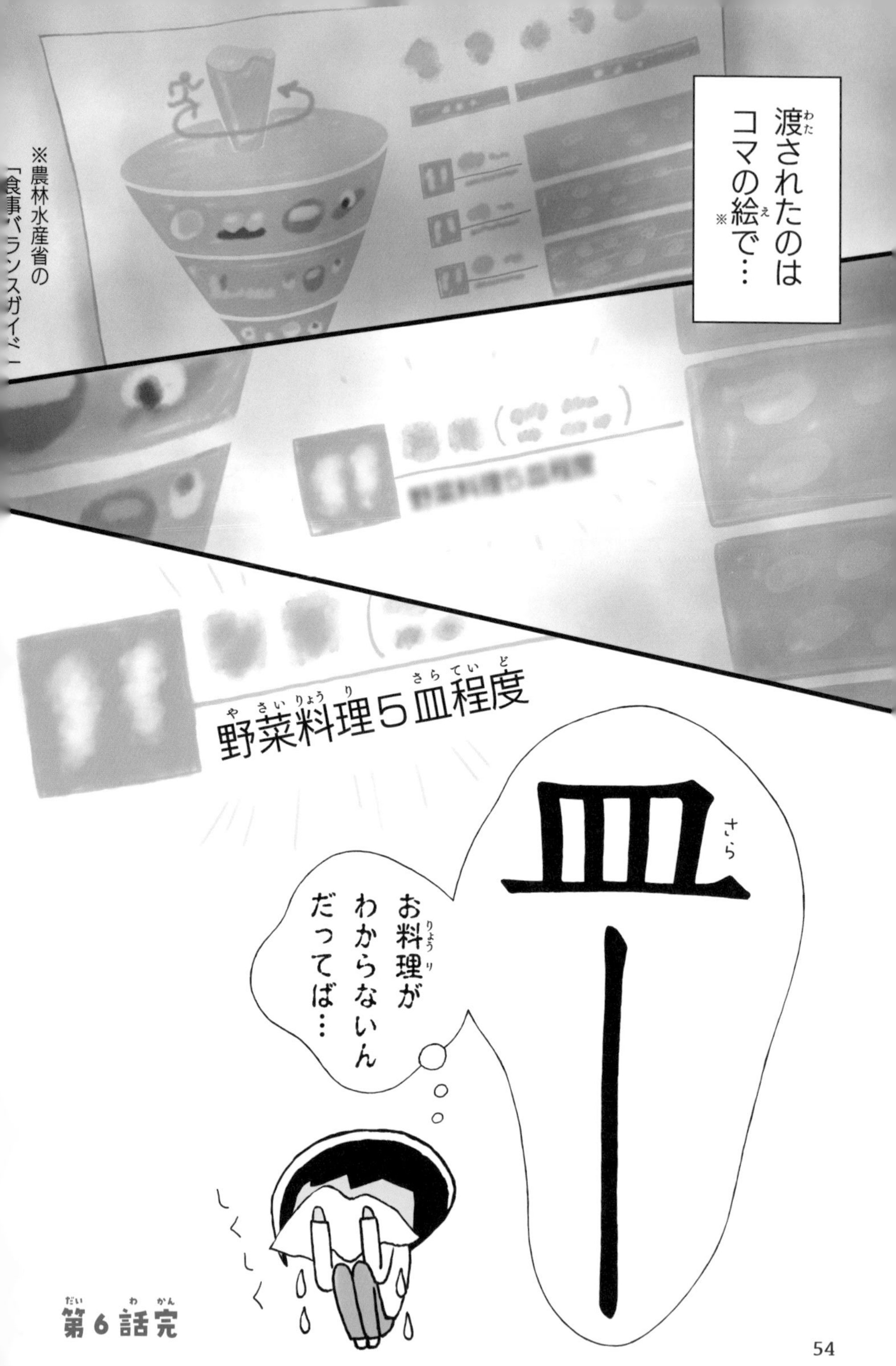
渡《わた》されたのは
コマの絵《え》※で…
※農林水産省の「食事バランスガイ
野《や》菜《さい》料《りょう》理《り》5皿《さら》程《てい》度《ど》
皿《さら》ー
お料理《りょうり》がわからないんだってば…
しくしく
第《だい》6話《わ》完《かん》

第《だい》7話《わ》 1番《ばん》大《おお》きな間違《まちが》いに気《き》がついた

おかしい
絶対《ぜったい》におかしい難《むずか》しすぎる
毎日《まいにち》ご飯《はん》を作《つく》って食《た》べるというただそれだけのことがこんなに難《むずか》しいなんておかしい
何《なに》か…すごく大《おお》きな間違《まちが》えてることがあるような気《き》がず――っとしてるんだけど
それが何《なん》なのかどうしてもわからない
そこで私《わたし》はある場所《ばしょ》へ向《む》かいました

義務教育《ぎむきょういく》からやり直《なお》しだっ！
最寄《もよ》りの
教科書《きょうかしょ》センターにて
毎日《まいにち》のご飯《はん》は…「献立《こんだて》」かな
「献立《こんだて》」は中学校《ちゅうがっこう》の家庭科《かていか》か
コレクダサイ
どれどれ…ええと
1計画《けいかく》
何《なに》を作《つく》るか決《き》める
それができなくて困《こま》ってるんですが
何社《なんしゃ》かの(※)教科書《きょうかしょ》を見比《みくら》べてみたところ…
※開隆堂、教育図書
東京書籍

どれもおおよそ
こんなような
流《なが》れだった

1日《にち》の献立《こんだて》の立《た》て方《かた》

朝食《ちょうしょく》の材料《ざいりょう》と
その重《おも》さを調《しら》べて
食品《しょくひん》の種類別《しゅるいべつ》に表《ひょう》に書《か》きいれる

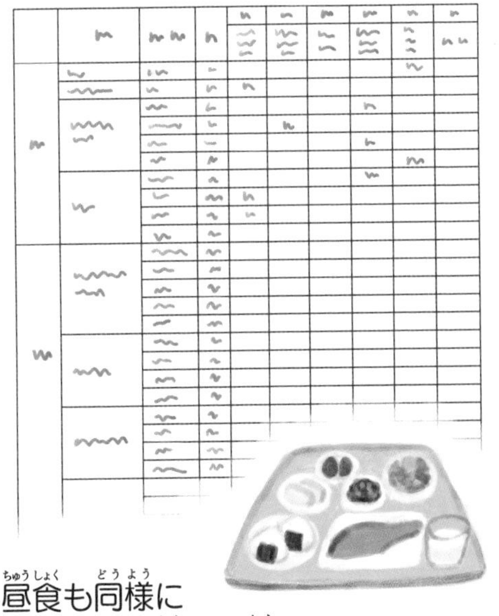

昼食《ちゅうしょく》も同様《どうよう》に
材料《ざいりょう》とその重《おも》さを調《しら》べて
食品《しょくひん》の種類別《しゅるいべつ》に表《ひょう》に書《か》きいれる

朝食《ちょうしょく》と昼食《ちゅうしょく》の材料《ざいりょう》の合計《ごうけい》を
1日《にち》の摂取量《せっしゅりょう》の目安《めやす》と見比《みくら》べて、

足《た》りない食品《しょくひん》を補《おぎな》うためには
夕食《ゆうしょく》にどんな材料《ざいりょう》を使《つか》って
何《なに》を作《つく》ればいいのかを考《かんが》える

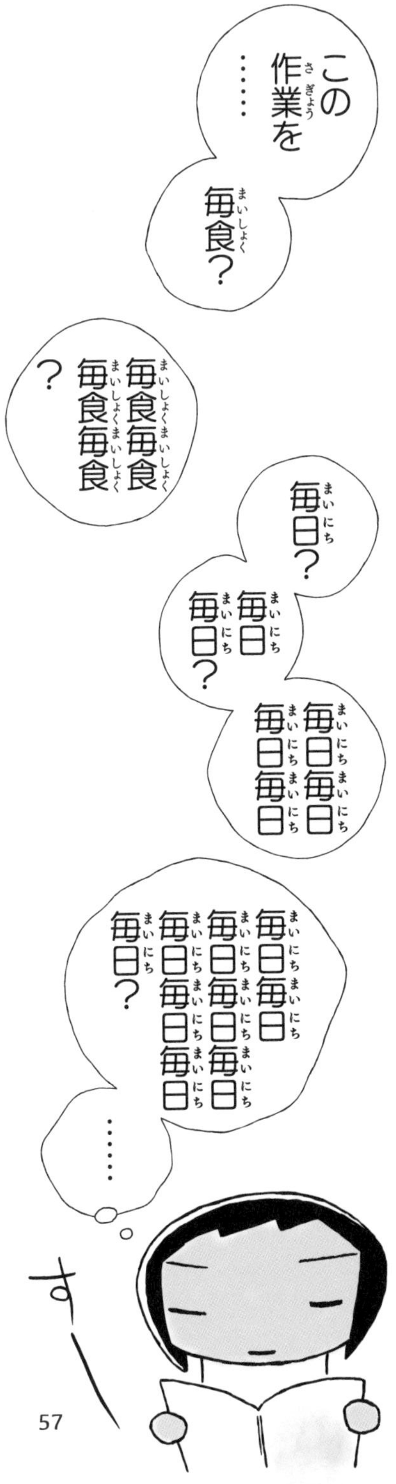

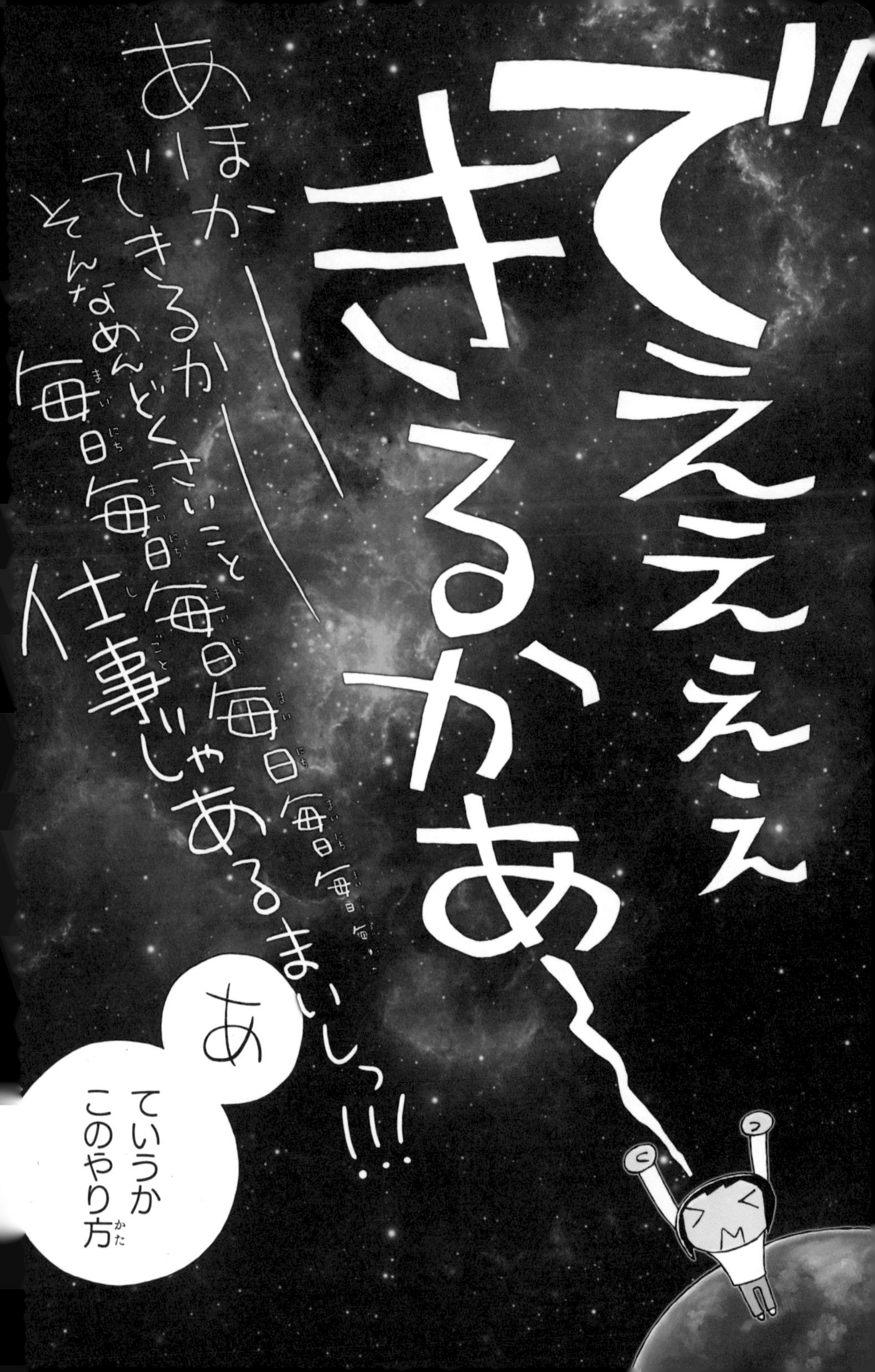
でええええきるかあ～～
あほか――
できるか――
そんなめんどくさいこと
毎《ま》日《にち》毎《ま》日《にち》毎《ま》日《にち》毎《ま》日《にち》毎《ま》日《にち》毎《ま》日《にち》毎・・
仕《し》事《ごと》じゃあるまいしっ!!!
あ
ていうか
このやり方《かた》

お仕事《しごと》として
みんなの給食《きゅうしょく》を考《かんが》えてくださる
栄養士《えいようし》さんとかの
プロ用《よう》かも
だったらわかる
大勢《おおぜい》のご飯《はん》を
用意《ようい》するなら
必要《ひつよう》な食材《しょくざい》の
量《りょう》を割《わ》り出《だ》して
前《まえ》もって発注《はっちゅう》
しなきゃだろうし
でもうちは
2人《ふたり》だから
もうちょっと
行《い》き当《あ》たり
ばったりでも
いいかな…
ヨシ!
逆《ぎゃく》にしよう!
材料《ざいりょう》を
積《つ》みあげていって
バランスよく
するんじゃなくて
なるべく
バランスよく
入手《にゅうしゅ》しておいて
どんな手《て》使《つか》っても
食《た》べ切《き》ればOK《オーケー》!
ってことで!
やっと
わかった

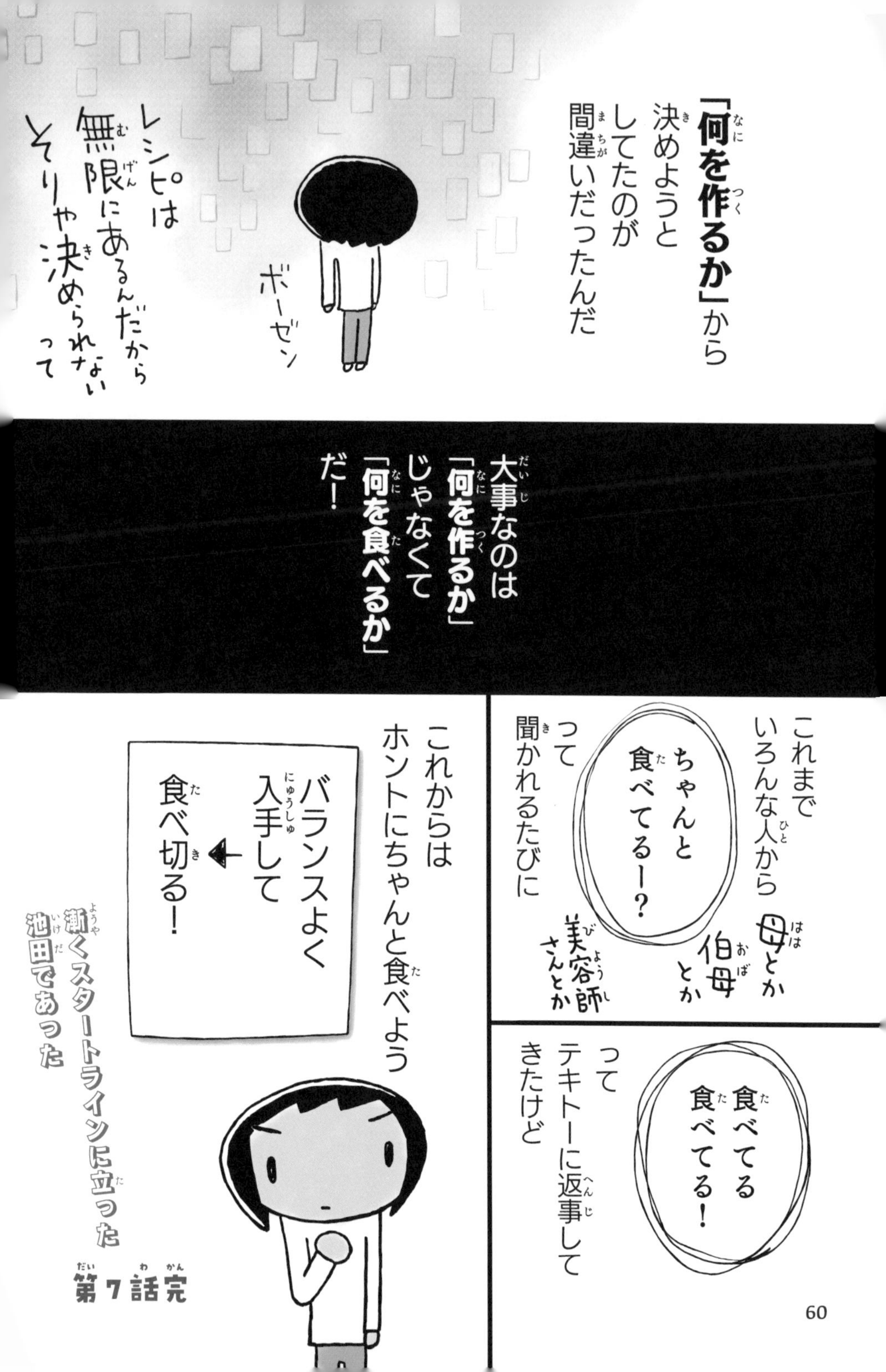
「何《なに》を作《つく》るか」から
決《き》めようと
してたのが
間違《まちが》いだったんだ
ボーゼン
レシピは
無《む》限《げん》にあるんだから
そりゃ決《き》められないって
大事《だいじ》なのは
「何《なに》を作《つく》るか」
じゃなくて
「何《なに》を食《た》べるか」
だ！
これまで
いろんな人《ひと》から
母《はは》とか
伯母《おば》とか
美《び》容《よう》師《し》さんとか
ちゃんと食《た》べてるー？
って
聞《き》かれるたびに
食《た》べてる
食《た》べてる！
って
テキトーに返事《へんじ》して
きたけど
これからは
ホントにちゃんと食《た》べよう
バランスよく
入手《にゅうしゅ》して
←
食《た》べ切《き》る！
漸《よう》くスタートラインに立《た》った
池《いけ》田《だ》であった
第《だい》7話《わ》完《かん》

手《て》も足《あし》も出《で》なかった訳《わけ》は

幼稚園《ようちえん》の頃《ころ》――
みんなで河原《かわら》に石《いし》を拾《ひろ》いに行った
着色《ちゃくしょく》して作品《さくひん》にするため
私《わたし》は1つ《ひとつ》も拾《ひろ》えなくて
犬《いぬ》…じゃない
鳥《とり》…じゃない
きょうこちゃん拾《ひろ》えた――？
←先生《せんせい》
どれをどう塗《ぬ》るか決《き》められない
たしか結局《けっきょく》――
悩《なや》みに悩《なや》んでこんな石《いし》を1つ《ひとつ》だけ拾《ひろ》った
理由《りゆう》：三角《さんかく》だから
どんな風《ふう》に着色《ちゃくしょく》したかは覚《おぼ》えてない
赤《あか》く塗《ぬ》ったんだったかも？
もしも今《いま》の私《わたし》があの場面《ばめん》に戻《もど》ったら…
!?

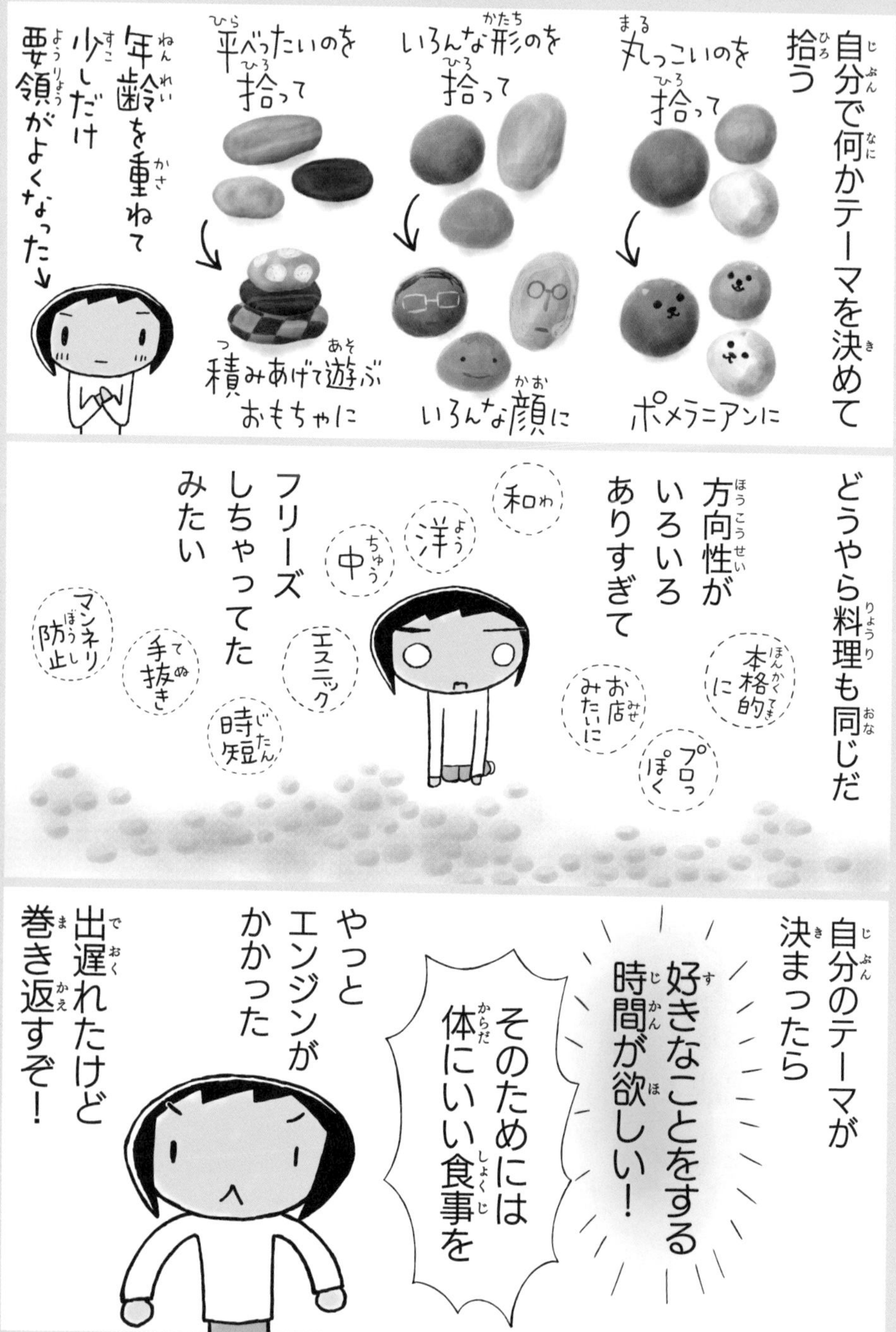
自分《じぶん》で何《なに》かテーマを決《き》めて拾《ひろ》う
丸《まる》っこいのを拾《ひろ》って
ポメラニアンに
いろんな形《かたち》のを拾《ひろ》って
いろんな顔《かお》に
平《ひら》べったいのを拾《ひろ》って
積《つ》みあげて遊《あそ》ぶおもちゃに
年齢《ねんれい》を重《かさ》ねて少《すこ》しだけ要領《ようりょう》がよくなった↓
どうやら料理《りょうり》も同《おな》じだ
本格的《ほんかくてき》に
お店《みせ》みたいに
プロっぽく
方向性《ほうこうせい》がいろいろありすぎて
和《わ》
洋《よう》
中《ちゅう》
エスニック
時短《じたん》
手抜《てぬ》き
マンネリ防止《ぼうし》
フリーズしちゃってたみたい
自分《じぶん》のテーマが決《き》まったら
好《す》きなことをする時間《じかん》が欲《ほ》しい！
そのためには体《からだ》にいい食事《しょくじ》を
やっとエンジンがかかった
出遅《でおく》れたけど巻《ま》き返《かえ》すぞ！

第《だい》3章《しょう》

「ちゃんと食《た》べる」はけっこう大変《たいへん》だ

※参考資料：『バランスのよい食事ガイド なにをどれだけ食べたらいいの？ 第5版』
香川明夫 監修　女子栄養大学出版部 2022年

健康《けんこう》ってお高《たか》い！

時期《じき》にもよるけど……
ブロッコリーとか菜《な》っぱとか…
買《か》うのにかなり勇気《ゆうき》が必要《ひつよう》なお値段《ねだん》のときあるよ？
ひっ
バランスよく入手《にゅうしゅ》して食《た》べ切《き》る
これって…
実《じつ》はかなりハードなミッションなのでは……
とっとにかく食材《しょくざい》を確保《かくほ》せねば！
さしあたって

ステキ調《ちょう》味《み》料《りょう》は後《あと》まわしだ!
たとえば
お料理《りょうり》が
本格的《ほんかくてき》な
味《あじ》つけになる
調《ちょう》味《み》料《りょう》を1箱《ひとはこ》
買《か》うよりも
その分《ぶん》のお金《かね》で
野菜《やさい》を1種類《しゅるい》
増《ふ》やす方《ほう》が
バランスが
よくなる
あとそれと
ものの本《ほん》で
健康《けんこう》についてあれこれ
読《よ》んでみたのですが…
えぇー
マジか…
わかったこと

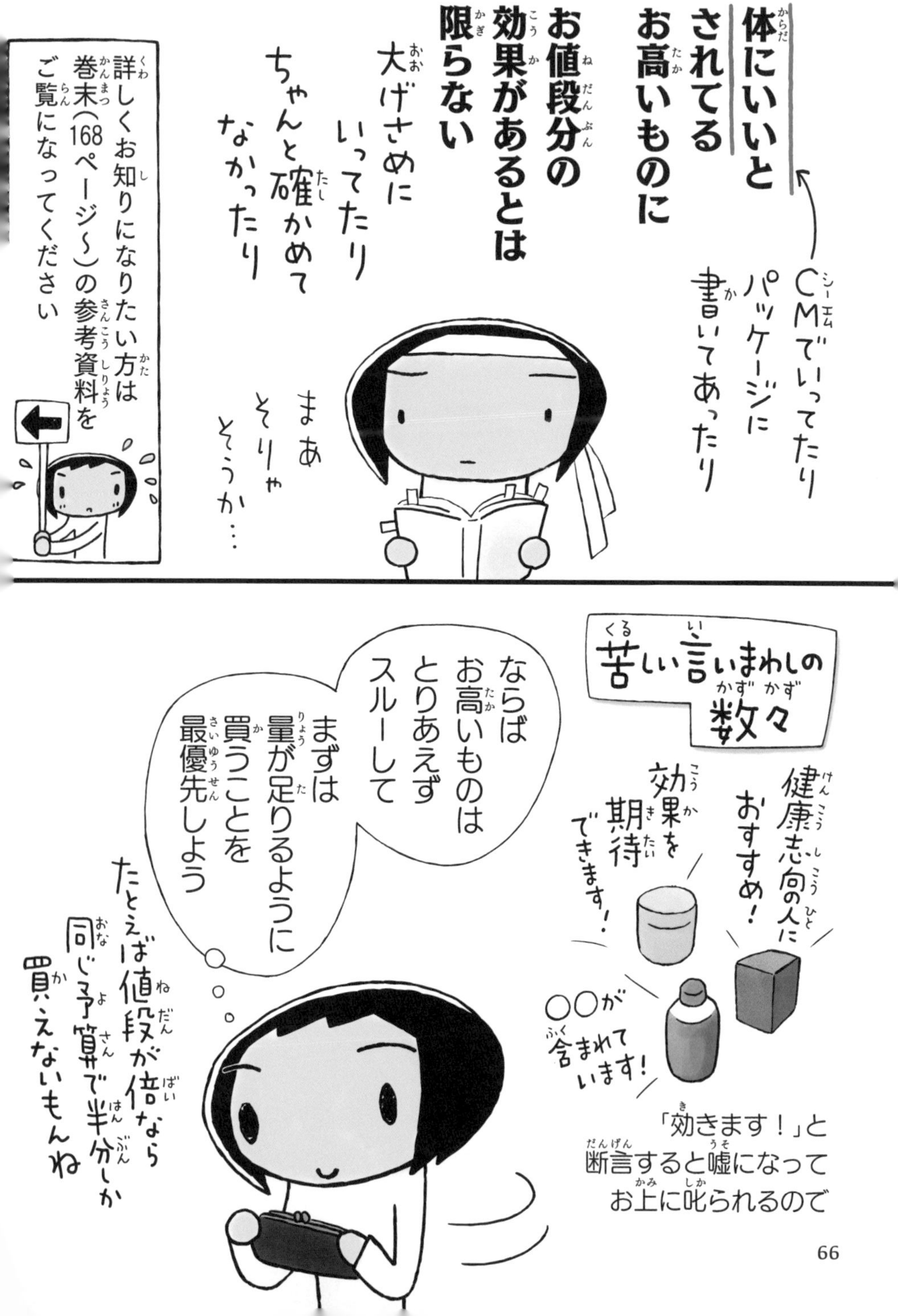
CM《シーエム》でいってたり
パッケージに
書《か》いてあったり
体《からだ》にいいと
されてる
お高《たか》いものに
お値段分《ねだんぶん》の
効果《こうか》があるとは
限《かぎ》らない
大《おお》げさめに
いってたり
ちゃんと確《たし》かめて
なかったり
まあ
そりゃ
そうか…
詳《くわ》しくお知《し》りになりたい方《かた》は
巻末《かんまつ》(168ページ～)の参考資料《さんこうしりょう》を
ご覧《らん》になってください
苦《くる》しい言《い》いまわしの
数々《かずかず》
健康志向《けんこうしこう》の人《ひと》に
おすすめ!
効果《こうか》を
期待《きたい》
できます!
○○が
含《ふく》まれて
います!
「効《き》きます!」と
断言《だんげん》すると嘘《うそ》になって
お上《かみ》に叱《しか》られるので
ならば
お高《たか》いものは
とりあえず
スルーして
まずは
量《りょう》が足《た》りるように
買《か》うことを
最優先《さいゆうせん》しよう
たとえば値段《ねだん》が倍《ばい》なら
同《おな》じ予算《よさん》で半分《はんぶん》しか
買《か》えないもんね

ところで
ちーちゃんは
私《わたし》より
食《しょく》にお金《かね》を
かけてるっぽい

スパイスや
調理器具《ちょうりきぐ》も
たくさん
持《も》ってるし

でも
ちーちゃんは
いいの!

なぜなら
ちーちゃんは
好《す》きなこと
=
食《た》べること
の人《ひと》だから

私《わたし》が
ちーちゃんにつられて
なんとなく食《しょく》にお金《かね》を
かけてしまったら

ほかのことに
使《つか》えるお金《かね》が
その分《ぶん》
減《へ》ってしまう!

私は食《しょく》を
楽《たの》しまなければ
いけなくはない

それに
ちーちゃんは

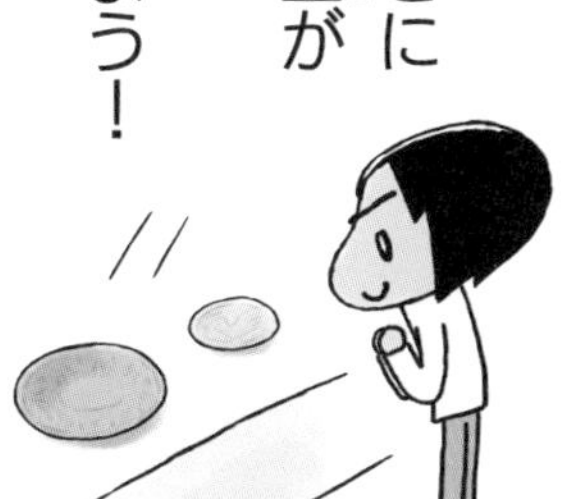

なんなら私《わたし》は
食《た》べ物《もの》より皿《さら》の方《ほう》が好《す》きだ

買《か》ったものはすべて把握《はあく》してキッチリ使《つか》い切《き》ってる
これみんな使《つか》い分《わ》けてるの⁉
モチロン！
ビンのフタにもマジックでスパイス名《めい》が書《か》いてあって見《み》つけやすくしてある
ちーちゃんのスパイス引《ひ》き出《だ》し
買《か》った食材《しょくざい》をダメにしちゃうことって…
絶対《ぜったい》ないよ！
私《わたし》も私《わたし》に使《つか》い切《き》れる定番《ていばん》の調味料《ちょうみりょう》を使《つか》って
しお
さとう
みそ
しょうゆ
す
酒《さけ》
コショウ
買《か》った食材《しょくざい》をちゃんと食《た》べ切《き》れるようにしよう！
第《だい》8話《わ》完《かん》

ある日《ひ》書店《しょてん》にて
んん?
ばばーん
残念《ざんねん》和食《わしょく》にもワケがある
写真《しゃしん》で見《み》るニッポンの食卓《しょくたく》の
岩村暢子《いわむらのぶこ》
残念《ざんねん》で悪《わる》かったねっ!
いや……でも……
そ… そうなんです ワケがあるんです きっと… 自分《じぶん》でもわからないけど
内容《ないよう》が気《き》になって購入《こうにゅう》
dis《ディス》られつつ庇《かば》われて混乱中《こんらんちゅう》

著者《ちょしゃ》の岩村暢子《いわむらのぶこ》さんは
家《いえ》の食事《しょくじ》を作《つく》る人《ひと》にレンズ付《つ》きフィルムと日記《にっき》で1週間《しゅうかん》の食事《しょくじ》をすべて記録《きろく》してもらい、さらに個別《こべつ》の面接《めんせつ》で気《き》になる点《てん》について詳細《しょうさい》にじっくり訊《き》く
というオソロシイ調査《ちょうさ》を続《つづ》けておられる方で…
参考資料：
『残念和食にもワケがある 写真で見るニッポンの食卓の今』
岩村暢子　中央公論新社 2017年

とても興味深《きょうみぶか》かったので
ご著書《ちょしょ》をさらに何冊《なんさつ》も
購入《こうにゅう》して拝読《はいどく》した
できてないの
ウチだけじゃ
ないよねっ？
家族の勝手でしょ！
写真274枚で見る食卓の喜劇
岩村暢子
変わる家族 変わる食卓
岩村暢子
普通の家族がいちばん怖い
徹底調査！
破滅する日本の食卓
岩村暢子
〈現代家族〉の誕生
幻想系家族論の死
岩村暢子

わかったこと

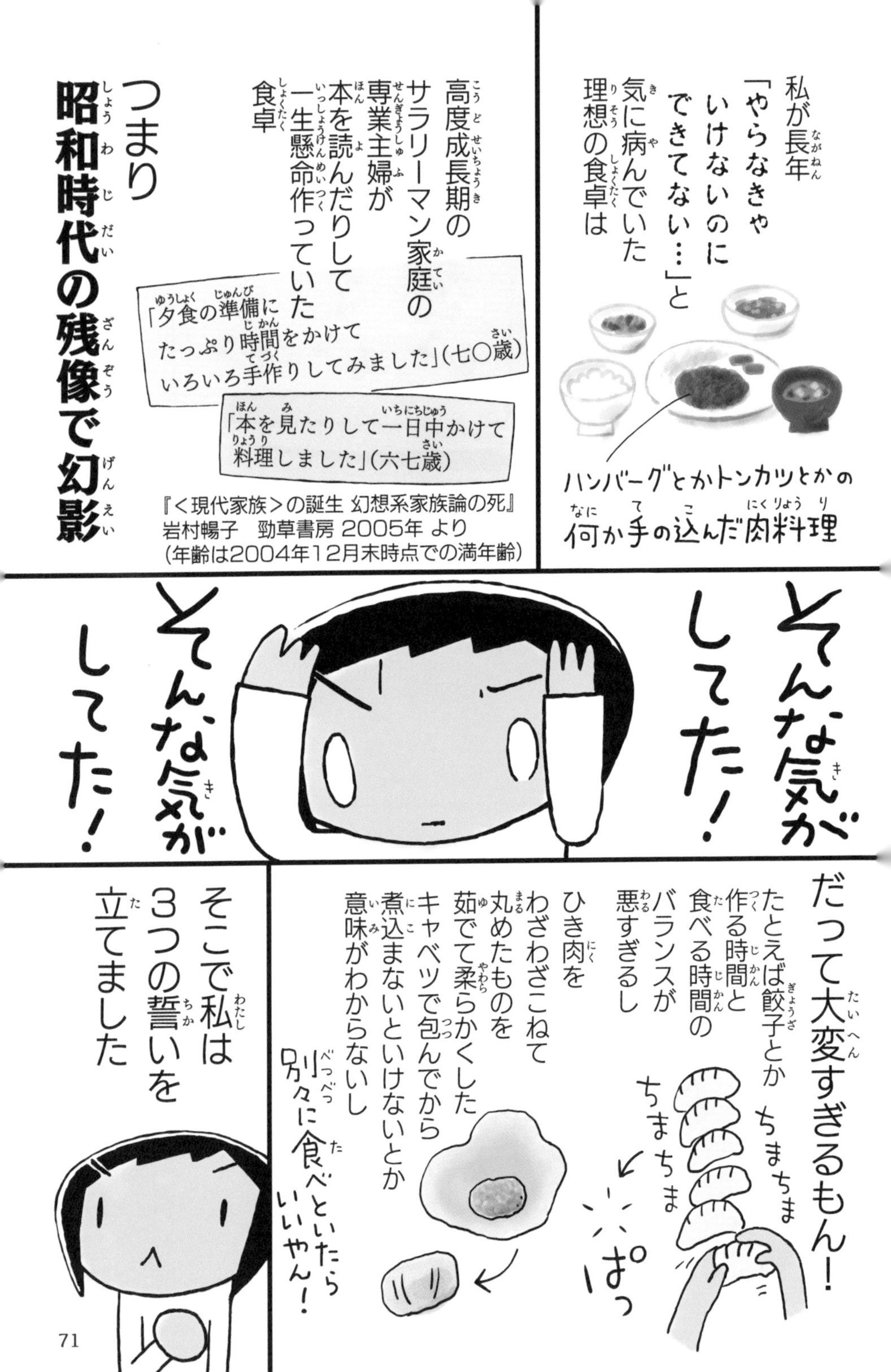
私が長年《ながねん》「やらなきゃいけないのにできてない…」と気《き》に病《や》んでいた理想《りそう》の食卓《しょくたく》は
ハンバーグとかトンカツとかの何《なに》か手《て》の込《こ》んだ肉料理《にくりょうり》
高度成長期《こうどせいちょうき》のサラリーマン家庭《かてい》の専業主婦《せんぎょうしゅふ》が本《ほん》を読《よ》んだりして一生懸命作《いっしょうけんめいつく》っていた食卓《しょくたく》
「夕食《ゆうしょく》の準備《じゅんび》にたっぷり時間《じかん》をかけていろいろ手作《てづく》りしてみました」（七〇歳《さい》）
「本《ほん》を見《み》たりして一日中《いちにちじゅう》かけて料理《りょうり》しました」（六七歳《さい》）
『＜現代家族＞の誕生 幻想系家族論の死』
岩村暢子　勁草書房 2005年 より
（年齢は2004年12月末時点での満年齢）
つまり
昭和時代《しょうわじだい》の残像《ざんぞう》で幻影《げんえい》
そんな気《き》がしてた！
そんな気《き》がしてた！
だって大変《たいへん》すぎるもん！
たとえば餃子《ぎょうざ》とか作《つく》る時間《じかん》と食《た》べる時間《じかん》のバランスが悪《わる》すぎるし
ちまちま
ちまちま
ぱっ
ひき肉《にく》をわざわざこねて丸《まる》めたものを茹《ゆ》でて柔《やわ》らかくしたキャベツで包《つつ》んでから煮込《にこ》まないといけないとか意味《いみ》がわからないし
別々《べつべつ》に食《た》べといたらいいやん！
そこで私《わたし》は3つの誓《ちか》いを立《た》てました

揚《あ》げない
こねない
包《つつ》まない
もし食《た》べたくなったら堂々《どうどう》と買《か》う
揚《あ》げてある
コロッケとか
餃子《ぎょうざ》とか
こねて包《つつ》んである
楽《たの》しみのために手《て》の込《こ》んだ料理《りょうり》を作《つく》ることはもちろん否定《ひてい》しないけど作《つく》らなきゃいけなくはない
よっぽど気《き》が向《む》かない限《かぎ》りやらんぞ
え?
手《て》抜《ぬ》き??

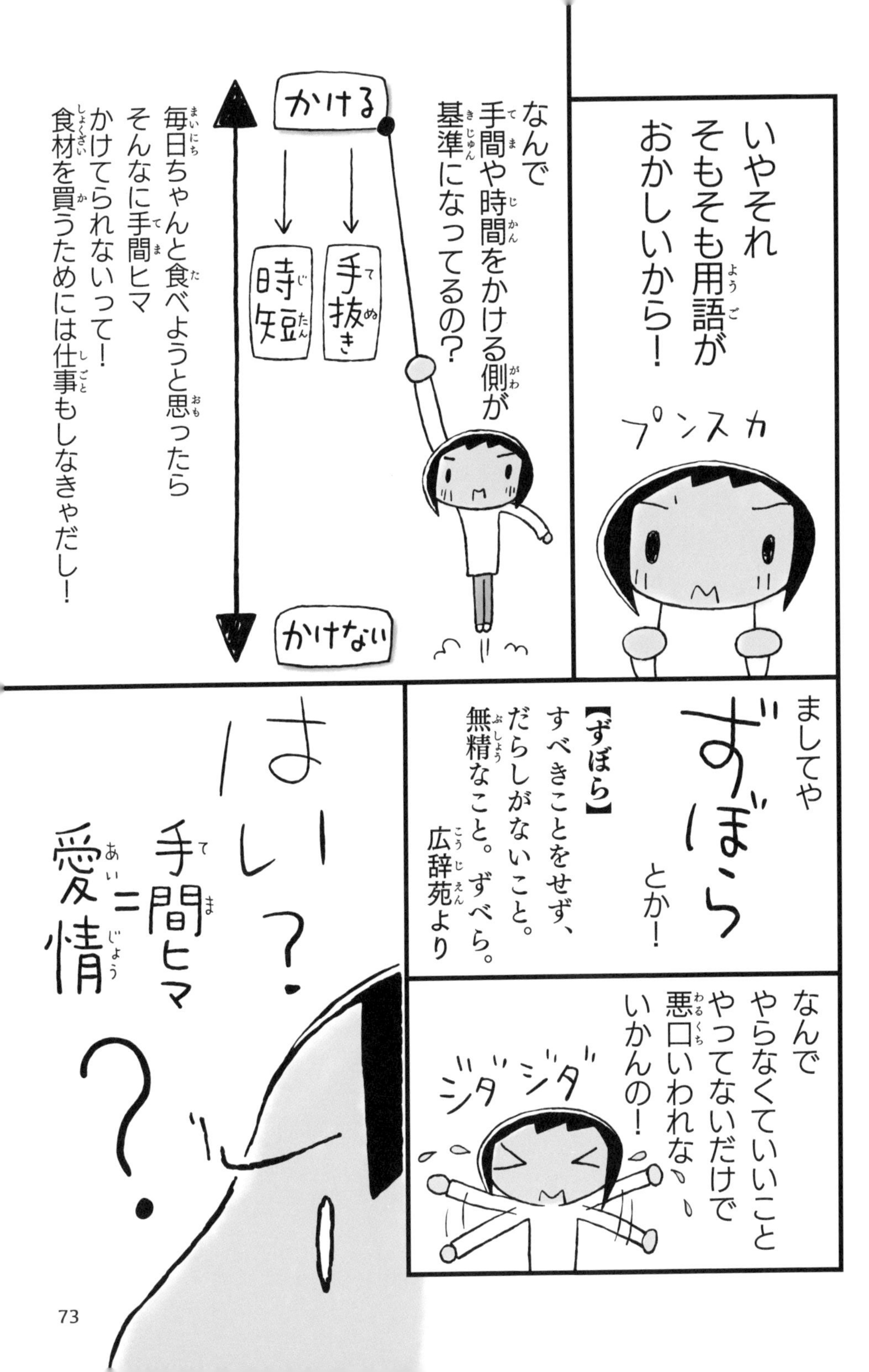
いやそれ
そもそも用語《ようご》が
おかしいから！
プンスカ
なんで
手間《てま》や時間《じかん》をかける側《がわ》が
基準《きじゅん》になってるの？
かける
手抜《てぬ》き
時短《じたん》
かけない
毎日《まいにち》ちゃんと食《た》べようと思《おも》ったら
そんなに手間《てま》ヒマ
かけてられないって！
食材《しょくざい》を買《か》うためには仕事《しごと》もしなきゃだし！
ましてや
ずぼら
とか！
【ずぼら】
すべきことをせず、
だらしがないこと。ずべら。
無精《ぶしょう》なこと。
広辞苑《こうじえん》より
なんで
やらなくていいこと
やってないだけで
悪口《わるくち》いわれな
いかんの！
ジタジタ
はい？
手間《て ま》ヒマ
＝
愛情《あいじょう》
？？

たしかに
手間《てま》ヒマのかかってる料理《りょうり》は
愛情《あいじょう》が注《そそ》がれてるっぽい
雰囲気《ふんいき》にはなるかもだけど

ひき肉《にく》と豆腐《とうふ》で…

こねて丸めた

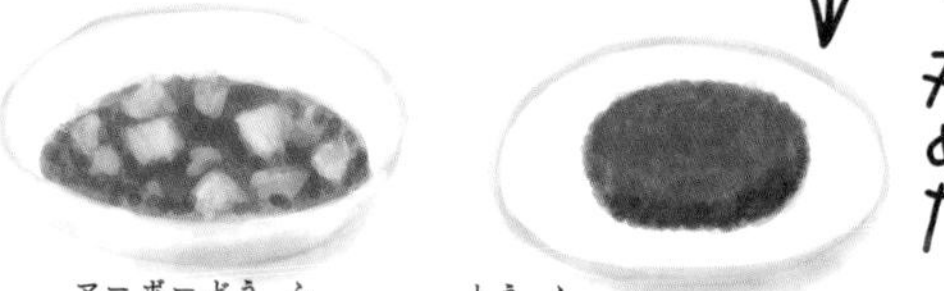

麻婆豆腐《マーボーどうふ》　豆腐《とうふ》ハンバーグ

栄養的《えいようてき》には
たいして変《か》わらん！

いやそれ
気《き》分《ぶん》
ですから！

時間《じかん》と労力《ろうりょく》には
限《かぎ》りがありますから
手間《てま》ヒマは必要最小限《ひつようさいしょうげん》に抑《おさ》えて
その分《ぶん》
日々《ひび》〝ちゃんと食《た》べる〟ことに
エネルギーを注《そそ》ぐ方《ほう》が
結果的《けっかてき》に
自分《じぶん》や家族《かぞく》を
大事《だいじ》にすることに
繋《つな》がると思《おも》うんです。
それが私《わたし》なりの愛情表現《あいじょうひょうげん》
…とでもいいましょうか

ドヤ顔《がお》で
ふわっとしたこと語《かた》ってるけど
大丈夫《だいじょうぶ》か？

第《だい》９話《わ》完《かん》

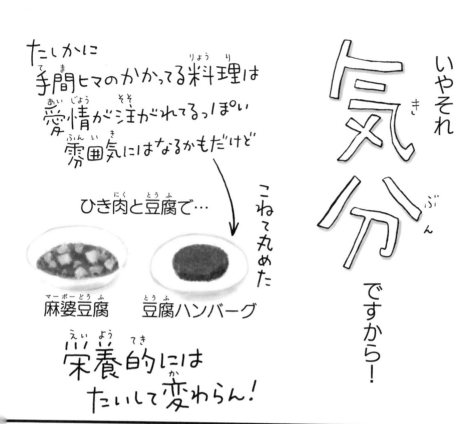

お料理《りょうり》の先生方《せんせいがた》がよく
「易《やさ》しいことから始《はじ》めてみましょう」
と仰《おっしゃ》るのですが私《わたし》はこのお言葉《ことば》の…
ココが怖《こわ》い
から
どこを目指《めざ》せというの…
世間《せけん》では日々《ひび》新《あたら》しいレシピが無限《むげん》に発表《はっぴょう》され続《つづ》けていて
プロからも
アマチュアからも
次々《つぎつぎ》にいろんな美味《おい》しいものを

追《お》い求《もと》める気《き》に
なれないことに
引《ひ》け目《め》を感《かん》じて
いましたが…
食《た》べるの大好《だいす》き!
こうすると
おいしいよ!
あれ食《た》べた?
これ食《た》べた?
こうしたほうが
もっとおいしいよ!!!
おいで!
バッサ
バッサ
美味《おい》しいよ!
ゴオオオオ
楽《たの》しいよ!
わたたた
間近《まぢか》に
観察《かんさつ》してみた
ちーちゃんが
凄《すご》すぎて
アジワカールの翼《つばさ》
はわ――
このヒトは…
私《わたし》とは別《べつ》の種族《しゅぞく》
なのね…
「食《た》べるの大好《だいす》き」な
方々《かたがた》のことも
「お好《す》きな方々《かたがた》」の
1ジャンルなんだと
心穏《こころおだ》やかに
見《み》られるように
なりました
カッコイイ
おいしい
速《はや》い

・・・・・・で
何《なに》を作《つく》ればいいの…
振《ふ》り出《だ》しに戻《もど》る

第《だい》4章《しょう》「献立《こんだて》」が怖《こわ》い！

バランスよく入手《にゅうしゅ》して食《た》べ切《き》る！
ここまではわかった でも
野菜《やさい》だとかをてきとうにいろいろ買《か》ってきたとしてそれをどう加工《かこう》すればいいの？
こんな私《わたし》ですが独身《どくしん》の頃《ころ》は自炊《じすい》のことでいっさい悩《なや》んでなかった
なぜなら

2大《だい》メニュー

作《つく》るものが
決《き》まっていた
から

具《ぐ》だくさん
スープパスタ

具《ぐ》だくさん
ラーメン

具《ぐ》

いろんな野菜《やさい》をてきとうに切《き》ったもの

など

あとお楽《たの》しみでソーセージまたはベーコン少《すこ》し

大《おお》きい鍋《なべ》に
湯《ゆ》を沸《わ》かして

パスタを
茹《ゆ》で始《はじ》めて

途中《とちゅう》で具《ぐ》もいれて
一緒《いっしょ》に茹《ゆ》でて

鍋《なべ》から湯《ゆ》を少《すこ》し取《と》って
深《ふか》めのお皿《さら》に
カップスープの素《もと》を
溶《と》かして

ざるで湯《ゆ》を切《き》った
パスタと具《ぐ》を
皿《さら》に移《うつ》したら
完成《かんせい》

どさっ

具《ぐ》だくさん
スープ
パスタ

中《ちゅう》ぐらいの鍋《なべ》に
湯《ゆ》を沸《わ》かして

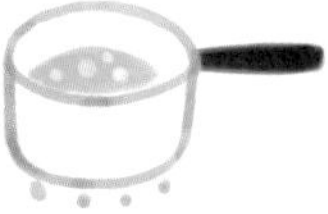

具《ぐ》を茹《ゆ》でて

そこに袋麺《ふくろめん》もいれて
一緒《いっしょ》に茹《ゆ》でて
添付《てんぷ》の
スープも
加《くわ》えて

丼《どんぶり》に移《うつ》したら完成《かんせい》

どさっ

具《ぐ》だくさんラーメン

この
どちらかを

一《いち》日《にち》一《いち》汁《じゅう》

1日《にち》1回《かい》お腹《なか》いっぱい

仕事《しごと》に出《で》かける前《まえ》にお腹《なか》いっぱい食《た》べて

働《はたら》いて

帰《かえ》ったら腹《はら》ペコのまま寝《ね》る

一日一汁生活《いちにちいちじゅうせいかつ》のスバラシイところ

何《なに》を作《つく》るかで悩《なや》まない

作《つく》るものが決《き》まっているから

時間《じかん》を取《と》られない

作《つく》るのも食《た》べるのも1日《にち》1回《かい》だから

洗《あら》い物《もの》が楽《らく》

鍋《なべ》1つザル1つ皿《さら》1枚《まい》しか汚《よご》れないから

食材《しょくざい》を必《かなら》ず使《つか》い切《き》れる

淡々《たんたん》と使《つか》っていくだけだから

太《ふと》らない

腹《はら》ペコのまま寝《ね》るから

ただちょっと…

エサっぽい？
モーー

私《わたし》1人《ひとり》の時《とき》はよくても
ニンゲンが
2人《ふたり》以上《いじょう》おる時《とき》に
この食事《しょくじ》では
アカンような
気《き》がして
結婚《けっこん》してからは
一日一汁生活《いちにちいちじゅうせいかつ》は封印《ふういん》
それで途方《とほう》に暮《く》れたまま
今《いま》にいたる

近頃《ちかごろ》
「人生《じんせい》100年《ねん》時代《じだい》」とか
いわれてますでしょ？

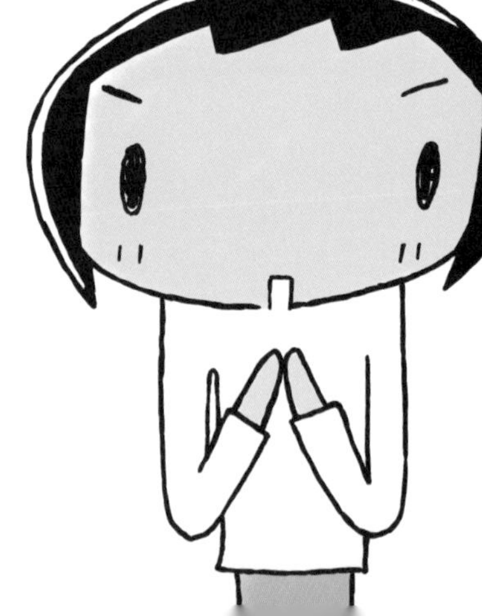

もしもそれが本当《ほんとう》なら

友人《ゆうじん》知人《ちじん》と
共同《きょうどう》生活《せいかつ》を
送《おく》る未来《みらい》も
あるかもしれない
私《わたし》が食事《しょくじ》当番《とうばん》の日《ひ》に
あっ
こんどの火曜日《かようび》
きょうちゃんだ…
あの
ゴチャゴチャ
謎《なぞ》ラーメン……
正直《しょうじき》辛《つら》い
みんながさりげなく
外食《がいしょく》の予定《よてい》を
入《い》れちゃっても
寂《さび》しいし
誰《だれ》かに
実《じつ》は我慢《がまん》させて
しまってたり
するのも
心苦《こころぐる》しい
夫《おっと》
ほかの人《ひと》の分《ぶん》も
不安《ふあん》なく
作《つく》れるように
なっておきたい

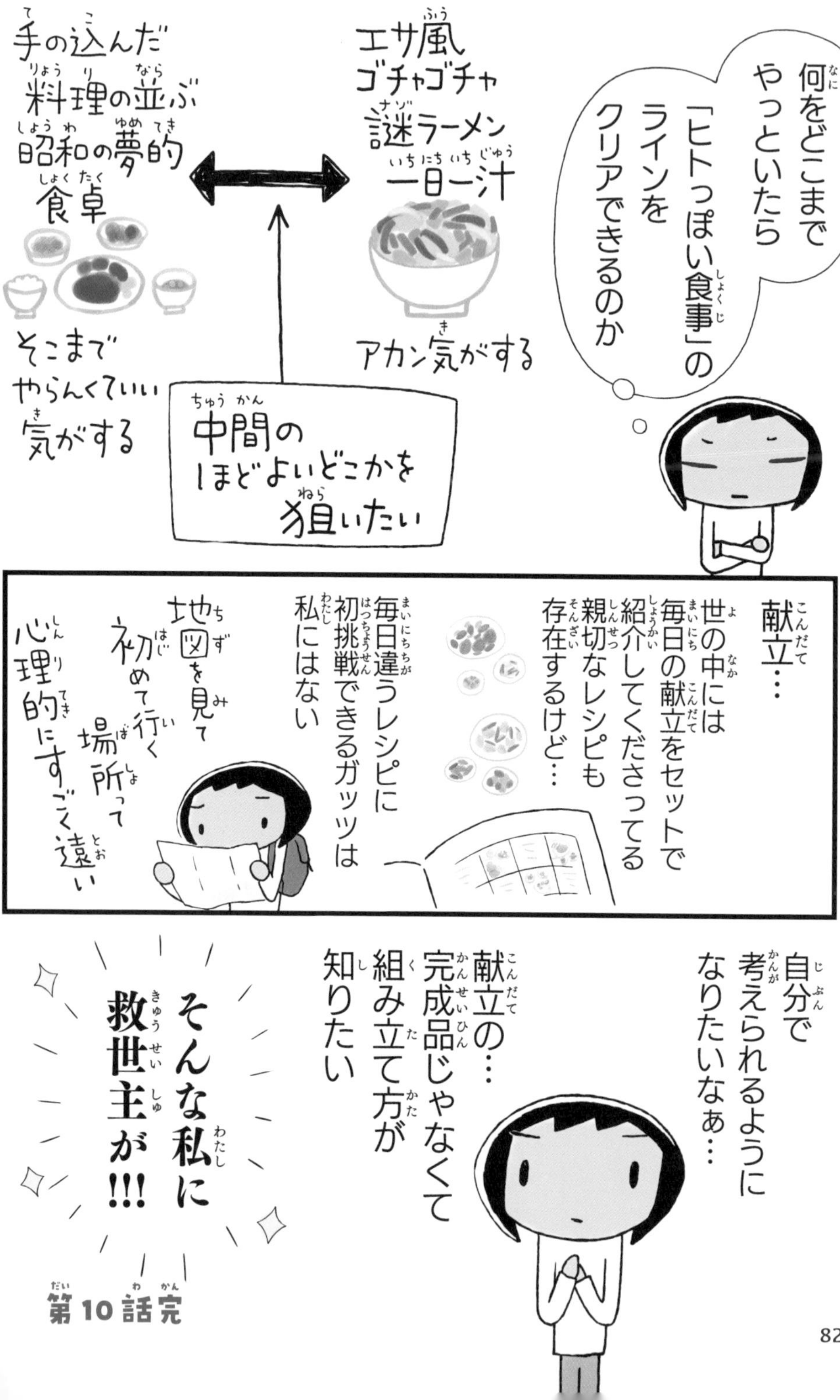

何《なに》をどこまでやっといたら「ヒトっぽい食事《しょくじ》」のラインをクリアできるのか
エサ風《ふう》ゴチャゴチャ謎《ナゾ》ラーメン一日一汁《いちにちいちじゅう》
アカン気《き》がする
手の込《こ》んだ料理《りょうり》の並《なら》ぶ昭和《しょうわ》の夢的《ゆめてき》食卓《しょくたく》
そこまでやらんくていい気《き》がする
中間《ちゅうかん》のほどよいどこかを狙《ねら》いたい
献立《こんだて》…
世《よ》の中《なか》には毎日《まいにち》の献立《こんだて》をセットで紹介《しょうかい》してくださってる親切《しんせつ》なレシピも存在《そんざい》するけど…
毎日違《まいにちちが》うレシピに初挑戦《はっちょうせん》できるガッツは私《わたし》にはない
地図《ちず》を見《み》て初《はじ》めて行《い》く場所《ばしょ》って心理的《しんりてき》にすごく遠《とお》い
自分《じぶん》で考《かんが》えられるようになりたいなぁ…
献立《こんだて》の…完成品《かんせいひん》じゃなくて組《く》み立《た》て方《かた》が知《し》りたい
そんな私《わたし》に救世主《きゅうせいしゅ》が!!!
第《だい》10話《わ》完《かん》

マンガ版《ばん》のときは気《き》づいてなかったんです
でも
ドラマ版《ばん》を観《み》てたら…
心《こころ》の声《こえ》が丸《まる》聞《ぎ》こえ
やっぱり野菜《やさい》は中《なか》村《むら》屋《や》が間《ま》違《ちが》いないな
きのうの残《のこ》りの小松菜《こまつな》と厚《あつ》揚《あ》げで煮《に》びたしを作《つく》ろう
卵《たまご》を使《つか》い切《き》りたい
よし！卵《たまご》とたけのこの千切《せんぎ》りと…

第《だい》11話《わ》 献立名人《こんだてめいじん》の思考回路《しこうかいろ》を辿《たど》ってみた

もしやこれって…
世《よ》にもありがたい献立《こんだて》マンガなのでは!?
献立名人《こんだてめいじん》の頭《あたま》の中《なか》が読《よ》めるとは！
……というわけで

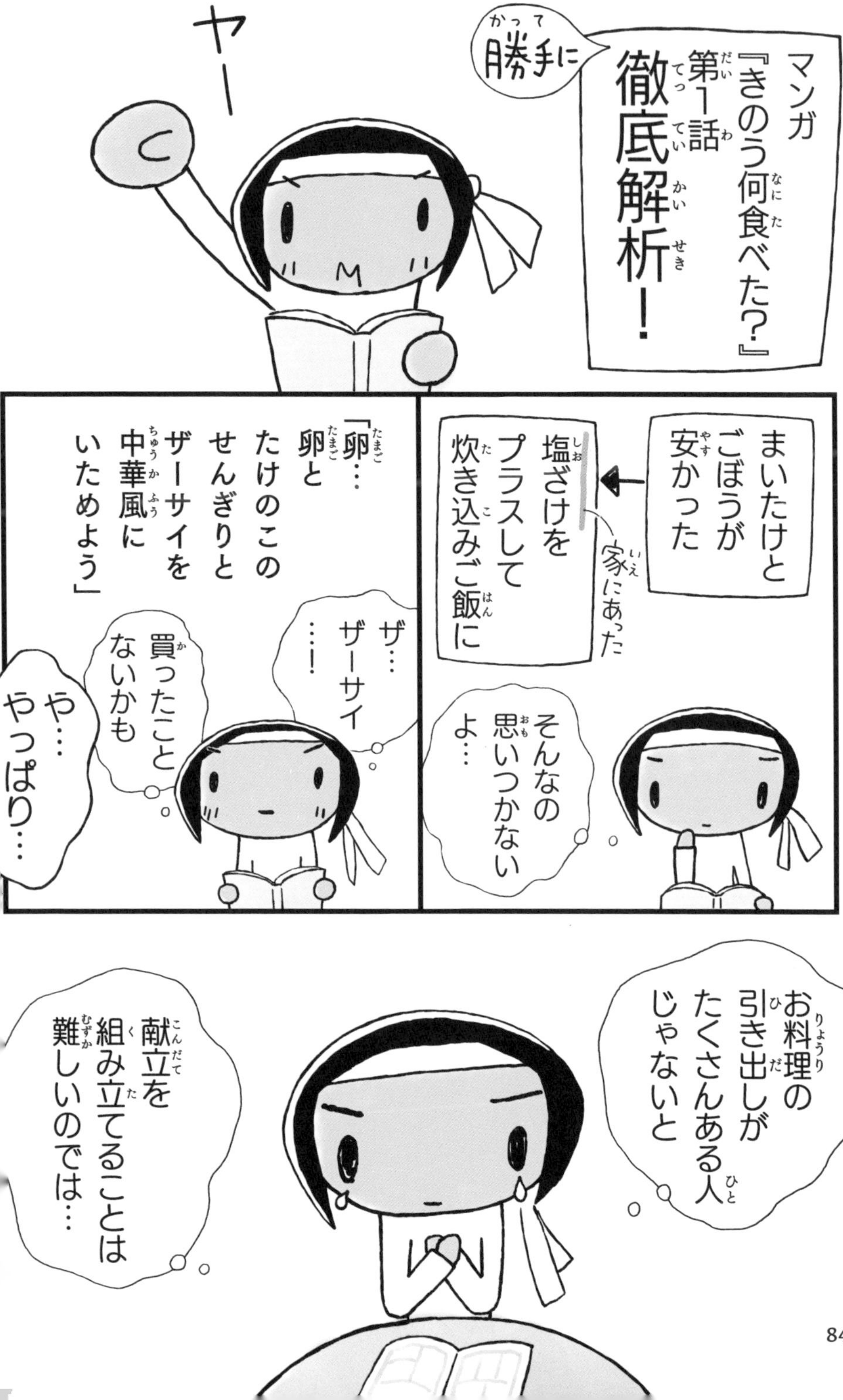
ヤー
勝手《かって》に
マンガ『きのう何《なに》食《た》べた？』第《だい》1話《わ》徹《てっ》底《てい》解《かい》析《せき》！
まいたけとごぼうが安《やす》かった
家《いえ》にあった
塩《しお》ざけをプラスして炊《た》き込《こ》みご飯《はん》に
そんなの思《おも》いつかないよ…
「卵《たまご》…卵《たまご》とたけのこのせんぎりとザーサイを中華風《ちゅうかふう》にいためよう」
ザ…ザーサイ…！
買《か》ったことないかも
や…やっぱり…
お料理《りょうり》の引《ひ》き出《だ》しがたくさんある人《ひと》じゃないと
献立《こんだて》を組《く》み立《た》てることは難《むずか》しいのでは…

じゃあ
まずこのマンガに
載《の》ってるレシピを
1《ひと》つ1《ひと》つ作《つく》ってみて
覚《おぼ》えることから…
待《ま》って待《ま》って
それ前《まえ》にやって
失敗《しっぱい》してるやつ！
片《かた》っ端《ぱし》から
作《つく》ってみた
けどまったく
思《おも》い出《だ》せない
料《りょう》理《り》上《じょう》手《ず》
目《め》指《ざ》さないで!!!
私《わたし》の
やるべき
こと
コレ！
して
バランスよく
入手《にゅうしゅ》して
食《た》べ切《き》る！
しっかり
して！
卵《たまご》に
たけのこと
ザーサイを
プラスすることが
思《おも》いつかなかったら
具《ぐ》なしの
卵焼《たまごや》きでいいから！
考《かんが》える
筋《すじ》道《みち》とか
ルールとかを
学《まな》ばせて
もらって!!!
よ…
よし！
イザ！

マンガ『きのう何《なに》食《た》べた？』第《だい》1話《わ》に学《まな》ぶ

献立《こんだて》の組《く》み立《た》て方《かた》

「おまいたけが
1《ひと》パック78円《えん》か
買っとくか
かぶも1束《ひとたば》100円《えん》…
これもいっとこう」

「おっと
ごぼうも100円《えん》か
ちょうどいいや
これとまいたけで
炊《た》き込《こ》みごはんに
するか」

まず1品《ひとしな》決《き》める

決《き》めないと始《はじ》まらない

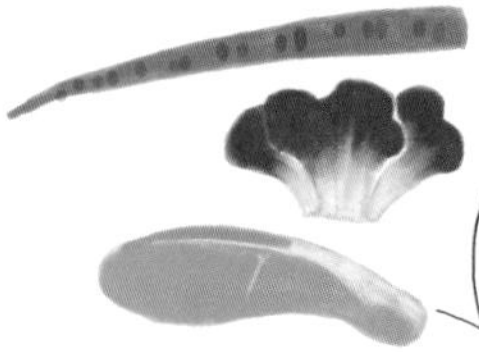

ごぼうとまいたけと塩《しお》ざけの炊《た》き込《こ》みごはん

家《いえ》にあった

「でメシを炊《た》く間《あいだ》にまずみそ汁《しる》だ」

「豚汁《とんじる》…は
炊《た》きこみごはんと
ごぼうがかぶるから
できれば避《さ》けたい」

「なら豚肉《ぶたにく》と
かぶとかぶの葉《は》で
みそ汁《しる》にしよう」

豚肉《ぶたにく》とかぶとかぶの葉《は》のみそ汁《しる》

できるだけ食材《しょくざい》がかぶらないようにする

炊飯《すいはん》スタート

↓ ご飯《はん》が炊《た》ける間《あいだ》におかずを作《つく》る

炊《た》き上《あ》がり

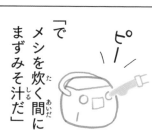

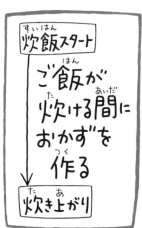

「それから
昨日《きのう》ののこりの
小松菜《こまつな》と厚揚《あつあ》げで
煮《に》びたしを作《つく》る」

小松菜《こまつな》と
厚揚《あつあ》げの
煮《に》びたし

「緑黄色野菜《りょくおうしょくやさい》は
これで取《と》れるから」

緑黄色《りょくおうしょく》
野菜《やさい》を
必《かなら》ず食《た》べる

家《いえ》にある
食材《しょくざい》を
忘《わす》れずに
使《つか》う

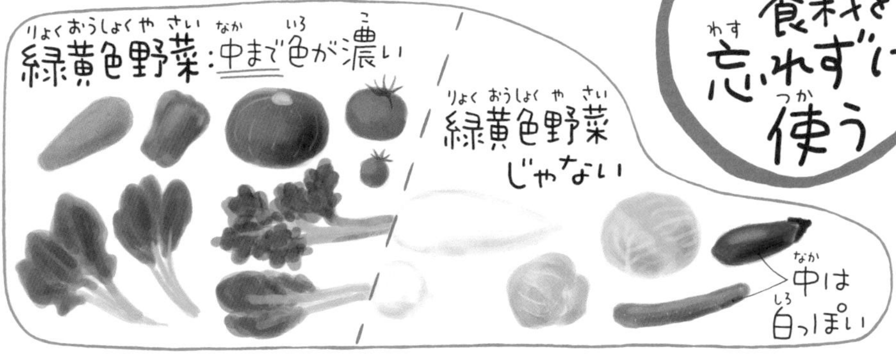
緑黄色野菜《りょくおうしょくやさい》：中《なか》まで色《いろ》が濃《こ》い
緑黄色野菜《りょくおうしょくやさい》じゃない
中《なか》は白《しろ》っぽい

「それに作《つく》りおきの
大根《だいこん》とほたての
なますを出《だ》して」

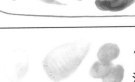

大根《だいこん》と
ほたての
なます

残《のこ》っている
おかずも
忘《わす》れずに
食《た》べる

「肉《にく》はもういらないか
卵《たまご》…卵《たまご》と
たけのこのせんぎりと
ザーサイを中華風《ちゅうかふう》に
いためよう
よし決まり！」

卵《たまご》とたけのこと
ザーサイの
中華風《ちゅうかふう》いため

「ここまでに出《で》てきた
肉《にく》や魚介類《ぎょかいるい》」
・塩《しお》ざけ ひとり1切《ひとき》れ（炊《た》きこみごはん）
・豚肉《ぶたにく》少《すこ》し（みそ汁《しる》）
・ほたて少《すこ》し（なます）

肉《にく》・魚《さかな》・
卵《たまご》などを
食《た》べる

「うまいだろ？
あまからすっぱいの
バランスが取《と》れてて
一品一品《いっぴんいっぴん》の味《あじ》もいいい！」

めんつゆとみりんで
甘《あま》めの味《あじ》つけ

小松菜《こまつな》と
厚揚《あつあ》げの
煮《に》びたし

塩味《しおあじ》

卵《たまご》とたけのこと
ザーサイの
中華風《ちゅうかふう》いため

酒《さけ》としょうゆで
薄《うす》めの味《あじ》つけ

塩《しお》ざけとごぼうと
まいたけの
炊《た》き込《こ》みごはん

大根《だいこん》と
ほたての
なます

お酢《す》と、
（書《か》いてないけど多分《たぶん》）
お砂糖《さとう》で
味《あじ》つけしてある

豚肉《ぶたにく》とかぶと
かぶの葉《は》の
みそ汁《しる》

みそ味《あじ》

できるだけ
味《あじ》つけが
かぶらない
ようにする

「バランスとかは
全然《ぜんぜん》分《わ》かんないけど
この炊《た》き込《こ》みごはん
すっごいおいしい
〜〜〜！」

△

「ちっ…こいつ
味《あじ》オンチじゃないんだけど
きんぴらと肉《にく》じゃがと
いんげんのごまあえという
全《すべ》て砂糖《さとう》じょうゆ味《あじ》のおかずを
一遍《いっぺん》に作《つく》っちゃうよーな奴《やつ》
だからな…」

私《わたし》もだ！
しかも味《あじ》オンチ。

「おかわり〜〜〜」
「ダメ！肥《ふと》る！」
腹《はら》8分《ぶん》目《め》！
ご飯《はん》は1膳《ぜん》まで

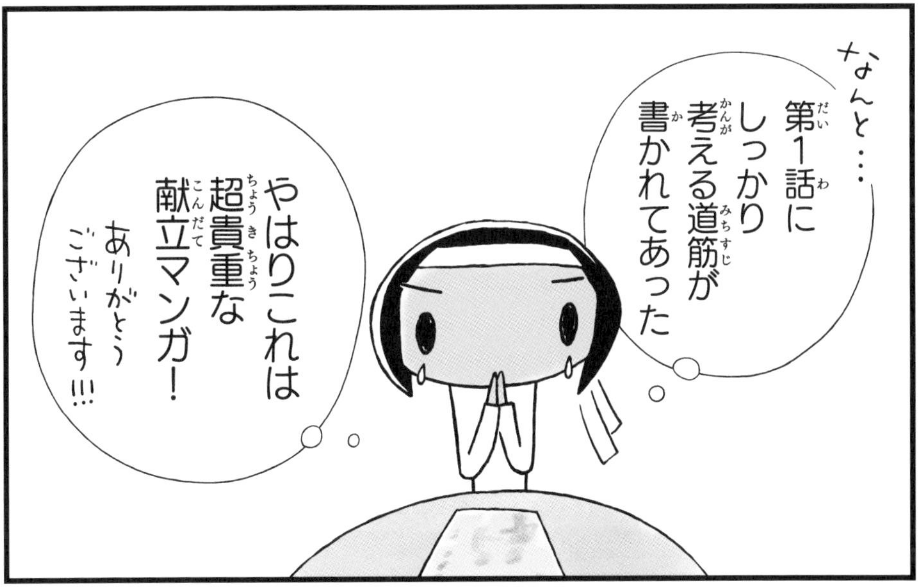
なんと…第《だい》1話《わ》にしっかり考《かんが》える道筋《みちすじ》が書《か》かれてあった
やはりこれは超《ちょう》貴《き》重《ちょう》な献立《こんだて》マンガ！ありがとうございます!!!

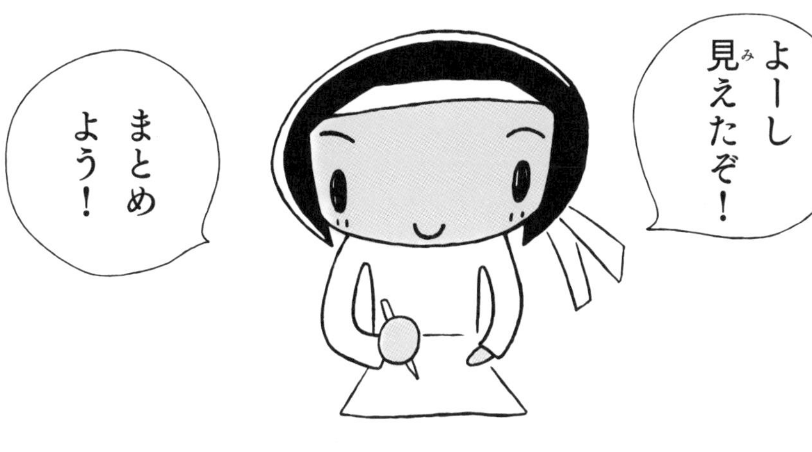
よーし見《み》えたぞ！
まとめよう！

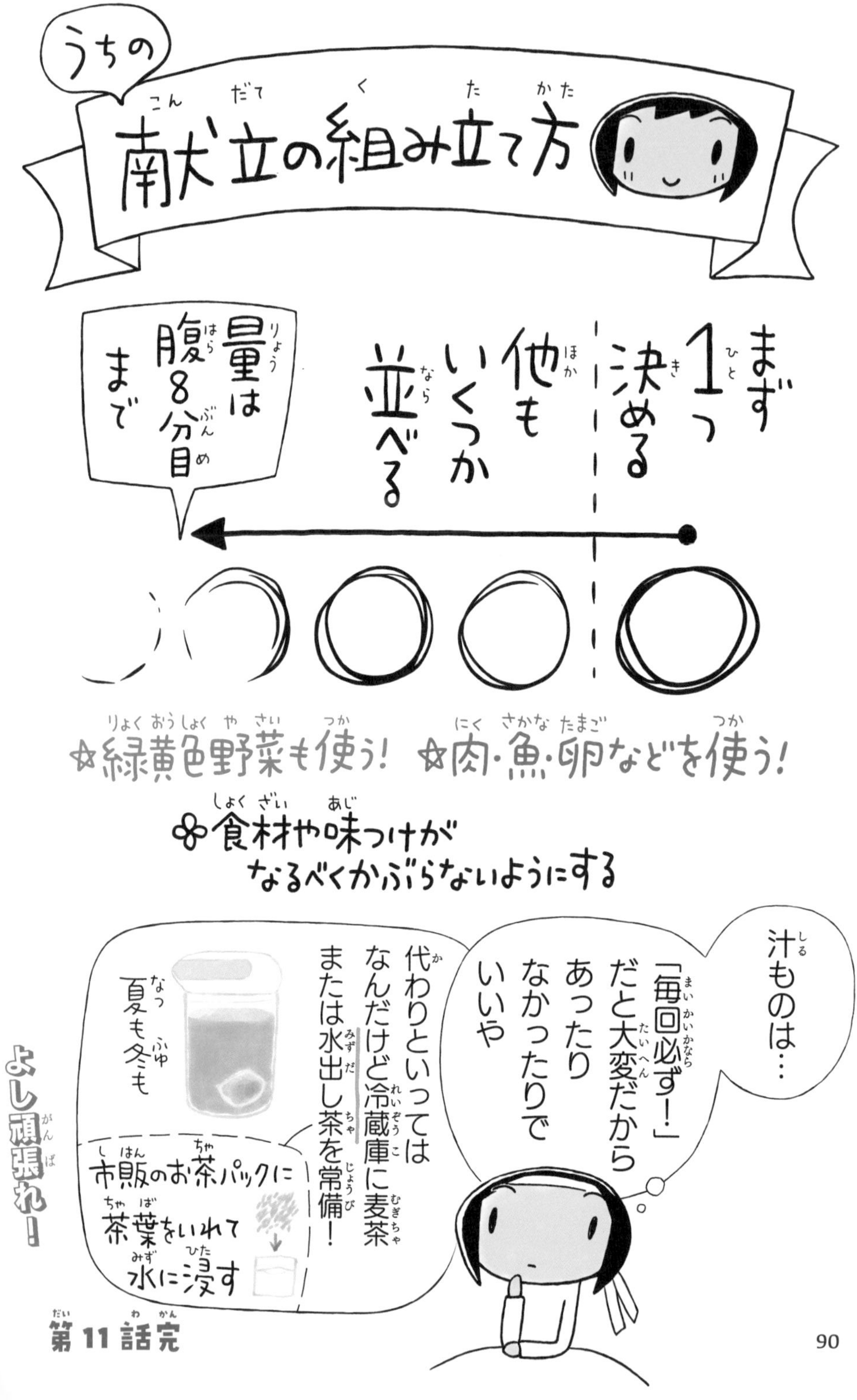

うちの
献立《こんだて》の組《く》み立《た》て方《かた》
まず1《ひと》つ決《き》める
他《ほか》もいくつか並《なら》べる
量《りょう》は腹《はら》8分《ぶん》目《め》まで
☆緑黄色野菜《りょくおうしょくやさい》も使《つか》う!
☆肉《にく》・魚《さかな》・卵《たまご》などを使《つか》う!
✿食材《しょくざい》や味《あじ》つけがなるべくかぶらないようにする
汁《しる》ものは…
「毎回《まいかい》必《かなら》ず!」だと大変《たいへん》だからあったりなかったりでいいや
代《か》わりといってはなんだけど冷蔵庫《れいぞうこ》に麦茶《むぎちゃ》または水出《みずだ》し茶《ちゃ》を常備《じょうび》!
夏《なつ》も冬《ふゆ》も
市販《しはん》のお茶《ちゃ》パックに茶葉《ちゃば》をいれて水《みず》に浸《ひた》す
よし頑張《がんば》れ!
第《だい》11話完《わかん》

ちーちゃんは
薄切《うすぎ》りの豚肉《ぶたにく》があったらどうする？
えっとねー
野菜《やさい》の細切《ほそぎ》りを豚肉《ぶたにく》で巻《ま》いて焼《や》いたり煮込《にこ》んだり
ナスや大葉《おおば》と一緒《いっしょ》に※ナンプラーで炒《いた》めても美味《おい》しいし
※タイの調味料《ちょうみりょう》
茹《ゆ》でてクレソンと和《あ》えて豚《とん》しゃぶ風《ふう》サラダにしてもいいし
茹《ゆ》でて中華風《ちゅうかふう》の甘辛《あまから》いソースをかけて雲白肉《うんぱいろう》っぽくしてもいいし
ちょっといい烏龍茶《うーろんちゃ》の茶葉《ちゃば》と一緒《いっしょ》に蒸《む》したり炒《いた》めたり
炒《いた》めた場合《ばあい》は茶葉《ちゃば》も食《た》べられるよ♪
それからそれから
なんなのその引《ひ》き出《だ》しの多《おお》さは！
凄《すご》すぎて参考《さんこう》にならない

前《まえ》にちーちゃんに教《おし》えてもらったお料理《りょうり》…
ブロッコリーのペペロンチーノ風《ふう》
フライパンに常温《じょうおん》のオリーブオイルとスライスしたニンニクをいれてから
ちょっと強《つよ》めの弱火《よわび》でじっくり炒《いた》めて
フライパンをすこしかたむけてアブラをためたところで
ニンニクの香《かお》りが立《た》ったらタネを抜《ぬ》いた赤唐辛子《あかとうがらし》と
茹《ゆ》でたブロッコリーを加《くわ》えて炒《いた》め合《あ》わせ
塩《しお》とコショウで味《あじ》を整《ととの》える
飽《あ》きちゃったんだけど
教《おそ》わる
はまって
毎日《まいにち》
毎日《まいにち》
毎日《まいにち》
毎日《まいにち》
毎日《まいにち》
作《つく》って
突然《とつぜん》飽《あ》きて
忘却《ぼうきゃく》の彼方《かなた》へ
いつものパターン
作《つく》れるものが増《ふ》えていかない
飽《あ》きちゃった時《とき》は食材《しょくざい》をチェンジしてみるといいよ
この味《あじ》つけ…
エビも合《あ》うかも？
うん！エビいける！
…ということは
白《しろ》身《み》魚《ざかな》も合《あ》うかも？
サワラとか？
うん！サワラやっぱり合《あ》う！
…ということは…
料《りょう》理《り》上手《じょうず》は止《と》まらない
それだ！
同《おな》じ味《あじ》つけでも食材《しょくざい》が違《ちが》ってれば別《べつ》のお料理《りょうり》！

やるべきことがわかって……
バランスよく入《にゅう》手《しゅ》して食《た》べ切《き》る！
ずっと謎《なぞ》だった献立《こんだて》の立《た》て方《かた》も大体《だいたい》わかって
○○○
←

もう何《なに》も怖《こわ》くない！
あとはサクサク料《りょう》理《り》するだけ！
……と思《おも》ったのですが……

世《よ》の中《なか》には
たくさんの
レシピがあって…
バチ
究《きゅう》極《きょく》の
至《し》高《こう》の
決《けっ》定《てい》版《ばん》
極《ごく》上《じょう》の
世《せ》界《かい》一《いち》美《お》味《い》しい
宇《う》宙《ちゅう》一《いち》美《お》味《い》しい
正《せい》統《とう》派《は》
本《ほん》格《かく》派《は》
新《しん》定《てい》番《ばん》
常《じょう》識《しき》を覆《くつがえ》す
新《しん》常《じょう》識《しき》
バチ
戦《たたか》ってる…!?

どれが
正《ただ》しいのか
わからないので
1《ひと》つの料理《りょうり》を
いろんなレシピで
作《つく》ってみました
来《く》る日《ひ》も来《く》る日《ひ》も
生《しょう》姜《が》焼《や》き
わかったこと

豚《ぶた》の生姜焼《しょうがや》き
ひとつとっても
無数《むすう》の流派《りゅうは》がある

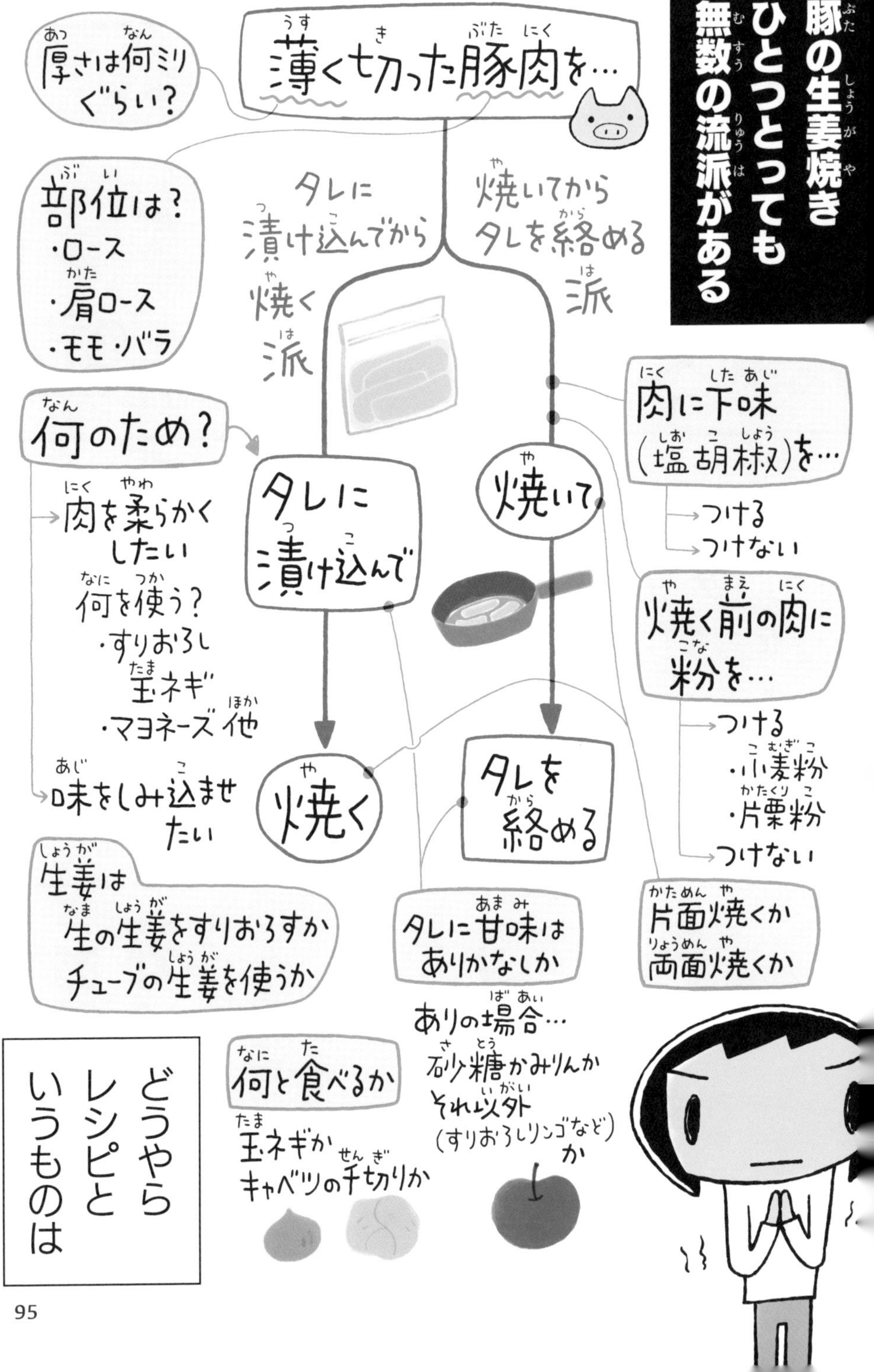
薄《うす》く切《き》った豚肉《ぶたにく》を…
厚《あつ》さは何《なん》ミリぐらい？
部位《ぶい》は？
・ロース
・肩《かた》ロース
・モモ・バラ
タレに漬《つ》け込《こ》んでから焼《や》く派《は》
焼《や》いてからタレを絡《から》める派《は》
何《なん》のため？
肉《にく》を柔《やわ》らかくしたい
何《なに》を使《つか》う？
・すりおろし玉《たま》ネギ
・マヨネーズ他《ほか》
味《あじ》をしみ込《こ》ませたい
タレに漬《つ》け込《こ》んで
焼《や》く
焼《や》いて
タレを絡《から》める
肉《にく》に下味《したあじ》（塩胡椒《しおこしょう》）を…
つける
つけない
焼《や》く前《まえ》の肉《にく》に粉《こな》を…
つける
・小麦粉《こむぎこ》
・片栗粉《かたくりこ》
つけない
生姜《しょうが》は
生《なま》の生姜《しょうが》をすりおろすか
チューブの生姜《しょうが》を使うか
タレに甘味《あまみ》はありかなしか
片面焼《かためんや》くか
両面焼《りょうめんや》くか
ありの場合《ばあい》…
砂糖《さとう》かみりんか
それ以外《いがい》（すりおろしリンゴなど）か
何《なに》と食《た》べるか
玉《たま》ネギか
キャベツの千切《せんぎ》りか
どうやらレシピというものは

それぞれの人《ひと》が求《もと》める美《お》味《い》しさの数《かず》だけ…
つまり人《ひと》の数《かず》だけあるらしい…
どれかひとつが正《ただ》しいとかじゃなくて
困《こま》った… 何《なに》を見《み》て作《つく》ればいいの…
自《じ》由《ゆう》に好《す》きなようにやっていいんだよ〜♪
楽《たの》しんで!
…ってちーちゃんはいうけどことはそう単《たん》純《じゅん》じゃない!
だってちーちゃん……
キムチ豆乳鍋《とうにゅうなべ》にマイタケはないかなぁ
さすがに
「ある」とか「ない」とかが私《わたし》にはわからない
?
それにそもそもぶっちゃけ私《わたし》には

美《お》味《い》しさを求《もと》める気《き》持《も》ち自《じ》体《たい》がそこまでない
美《お》味《い》しいは果《は》てしない

私《わたし》はむしろ…

私《わたし》が食事当番《しょくじとうばん》の日《ひ》にほかの人《ひと》が辛《つら》くない程度《ていど》の
不味《まず》くなさを求《もと》めるべきなのかも
ただ…困《こま》ったことに私《わたし》は自分《じぶん》の作《つく》る料理《りょうり》を「不味《まず》い！」と思《おも》うことがあまりない
味《あじ》オンチ
だいたいなんでもそう不味《まず》くない
そこで私《わたし》の作《つく》る料理《りょうり》を食《た》べる夫《おっと》を観察《かんさつ》しました
「不味《まず》い」とかはいわないので“耐《た》えてる気配《けはい》”を測定《そくてい》
わかったこと

不味《まず》さには2種類《しゅるい》の不味《まず》さがある
私《わたし》には感《かん》じ取《と》れない不味《まず》さ
と
私《わたし》にも感《かん》じ取《と》れる不味《まず》さ
レシピでいうと……

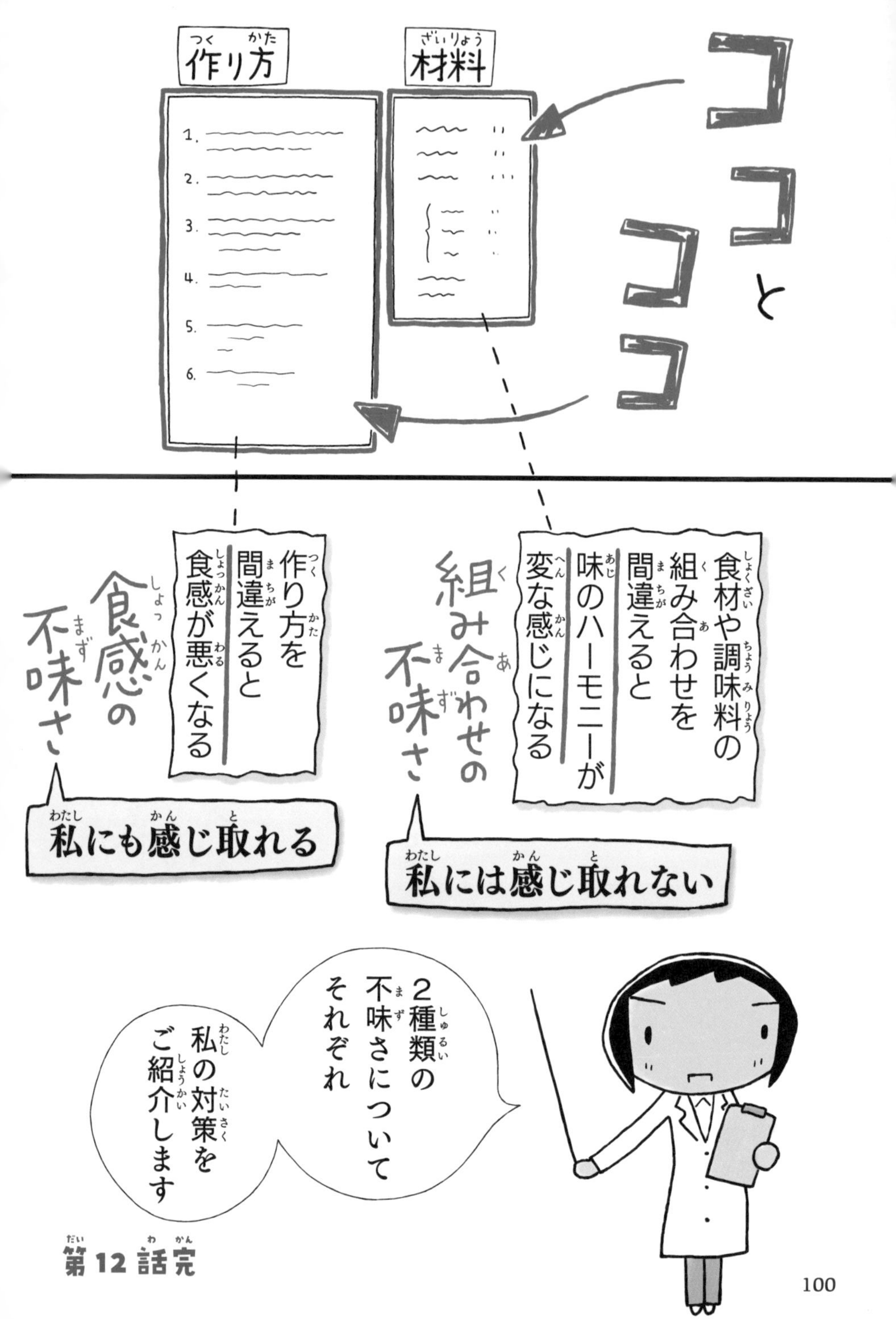
ココとココ
材料《ざいりょう》
作《つく》り方《かた》
1.
2.
3.
4.
5.
6.
食材《しょくざい》や調味料《ちょうみりょう》の組《く》み合《あ》わせを間違《まちが》えると味《あじ》のハーモニーが変《へん》な感《かん》じになる
組《く》み合《あ》わせの不味《まず》さ
私《わたし》には感《かん》じ取《と》れない
作《つく》り方《かた》を間違《まちが》えると食感《しょっかん》が悪《わる》くなる
食感《しょっかん》の不味《まず》さ
私《わたし》にも感《かん》じ取《と》れる
2種類《しゅるい》の不味《まず》さについてそれぞれ
私《わたし》の対策《たいさく》をご紹介《しょうかい》します
第《だい》12話《わ》完《かん》

まず組《く》み合《あ》わせの不味《まず》さについて
私《わたし》は味《あじ》オンチなので
食材《しょくざい》や調味料《ちょうみりょう》のハーモニーがおかしくても感《かん》じ取《と》れない
例《れい》
豚肉《ぶたにく》+《たす》キムチ+《たす》豆乳《とうにゅう》+《たす》まいたけ
ウマイ！
ちょっとぶつかってる？
ナイ！
食材《しょくざい》や調味料《ちょうみりょう》がぶつかってしまうのを防《ふせ》ぐために
私《わたし》が取《と》れる対策《たいさく》はひとつ！

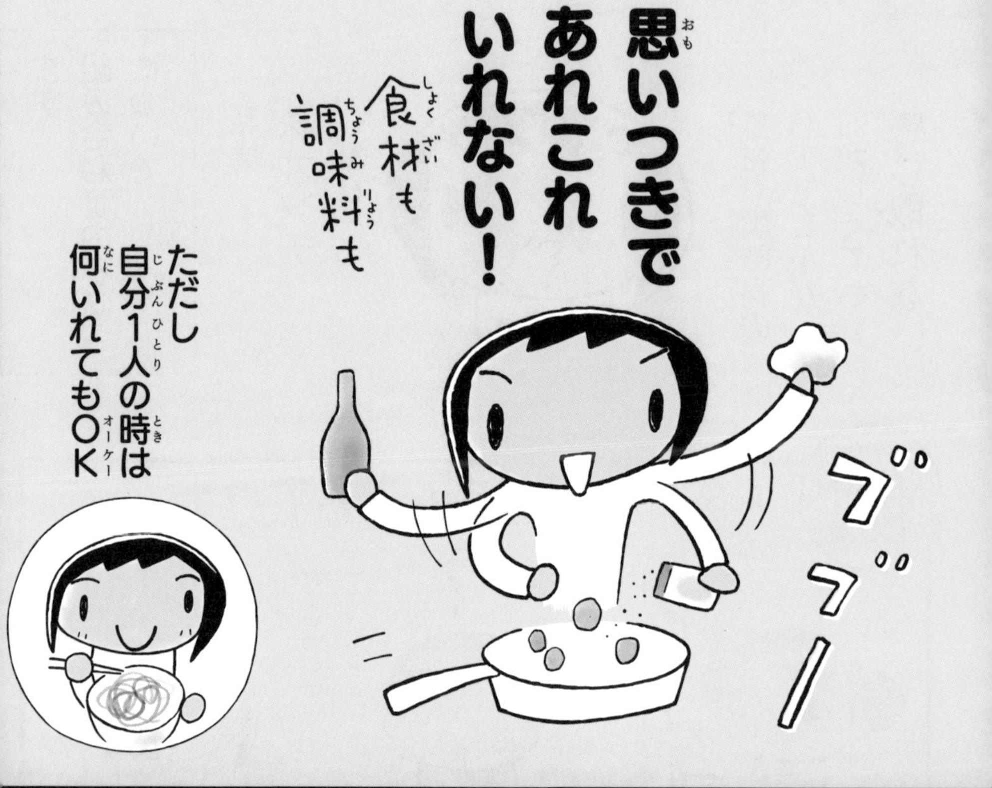
思《おも》いつきで
あれこれ
いれない！
食材《しょくざい》も
調味料《ちょうみりょう》も
ブブー
ただし
自分《じぶん》1人《ひとり》の時《とき》は
何《なに》いれてもOK《オーケー》

私《わたし》がお料理《りょうり》に思《おも》いつきであれこれいれちゃってたのにはワケがあるんです…
聞《き》いてください

私《わたし》がお料理《りょうり》に
あれこれ
いれちゃってた理由《りゆう》
その1

「1日《にち》30品目《ひんもく》」の呪《のろ》い

「1日《にち》30品目《ひんもく》」とは
1985年《ねん》から2000年《ねん》までの約《やく》15年間《ねんかん》だけ、厚生省《こうせいしょう》(当時《とうじ》)の「食生活指針《しょくせいかつししん》」に載《の》っていた目標《もくひょう》

※今《いま》はもういわれてない
詳《くわ》しくは→53ページに

「1日《にち》30品目《ひんもく》」をクリアするには
1皿《ひとさら》になるべくたくさんの種類《しゅるい》の食材《しょくざい》をいれなければ…
結果《けっか》あっちにもこっちにもキャベツとニンジンと玉《たま》ネギが入《はい》ってたり…
意味《いみ》ない!
『残念和食《ざんねんわしょく》にもワケがある〜』の岩村暢子《いわむらのぶこ》さんの御本《ごほん》にも……
「この料理《りょうり》はいったいどんな味《あじ》がするんだろう」「この素材《そざい》や調味料《ちょうみりょう》の組《く》み合《あ》わせはいったいどこから考《かんが》えついたのだろう」と思《おも》うようなメニューを見《み》ることがある。(※1)
調査《ちょうさ》を始《はじ》めた1990年代末《ねんだいすえ》には、当時《とうじ》の厚生省《こうせいしょう》が推奨《すいしょう》していた「1日《にち》30品目《ひんもく》」にこだわって、1《ひと》つの料理《りょうり》に多種多様《たしゅたよう》な素材《そざい》を入《い》れ込《こ》んだ「配合飼料型《はいごうしりょうがた》」と呼《よ》ばれるメニューが目立《めだ》っていた。(中略《ちゅうりゃく》)素材《そざい》の取《と》り合《あ》わせや味《あじ》のハーモニーを度外視《どがいし》して、効率《こうりつ》よく栄養《えいよう》を摂《と》ろうとしたメニューだ。(※2)
「飼料《しりょう》」て…
それ私《わたし》もです…
私《わたし》はただ健康《けんこう》のためによかれと思《おも》って…

※1:「変わる家族 変わる食卓 真実に破壊されるマーケティング常識」岩村暢子　勁草書房 2003年
※2:『家族の勝手でしょ!写真274枚で見る食卓の喜劇』岩村暢子　新潮社 2010年

私《わたし》がお料理《りょうり》に
あれこれ
いれちゃってた理由《りゆう》
その2
複雑《ふくざつ》なのが
偉《えら》いと思《おも》ってた
多分《たぶん》マンガとかの
影響《えいきょう》で
なんとも
複雑《ふくざつ》で芳醇《ほうじゅん》で
奥深《おくぶか》い味《あじ》わい…
ムホッ
まあ
これは！
※イメージ
アジワカール星人《せいじん》なら
でもどうやら
複雑《ふくざつ》な味《あじ》わいは
食材《しょくざい》そのものが
持《も》ってるん
…ですよね？
食材《しょくざい》の魅力《みりょく》を
ちゃんと
感《かん》じとった上《うえ》で
魅力《みりょく》を
引《ひ》き立《た》てるような
何《なに》かを
プラスする
私《わたし》が思《おも》いつきで
いろんな食材《しょくざい》や調味料《ちょうみりょう》を
いれちゃうのって多分《たぶん》
美《うつく》しい絵《え》の上《うえ》に
トンチンカンな色《いろ》を
塗《ぬ》りたくってしまう
ようなことだ
アイツまた
食材《しょくざい》の
持《も》ち味《あじ》を
殺《ころ》して…
なんて
罪深《つみぶか》い！
もうこれ以上《いじょう》

『池田暁子《いけだきょうこ》の必要十分料理《ひつようじゅうぶんりょうり》』をお手《て》にとってくださって誠《まこと》にありがとうございます！
著者《ちょしゃ》の池田暁子《いけだきょうこ》です
池田暁子の
必要十分料理
池田暁子
トランスビュー 2023年3月発売
ISBN：9784798701882
定価：1500円（税込）
毎日《まいにち》の食事《しょくじ》を回《まわ》すことが私《わたし》にはものすごく難《むずか》しくて…
いつもスーパーで途方《とほう》に暮《く》れる
……
レシピを見《み》れば一品《ひとしな》は作《つく》れるのに
？？？？？
ナゾの巨大《きょだい》な壁《かべ》
組《く》み立《た》てたり回《まわ》したりが全然《ぜんぜん》できない
なぜできないのかどうしたらできるのかしつこく考《かんが》えてまとめました
随分時間《ずいぶんじかん》がかかりましたがようやっとこちらに本《ほん》の形《かたち》でお届《とど》けできてとても嬉《うれ》しいです
少《すこ》しでもご参考《さんこう》になりましたら幸《さいわ》いです
◀ためし読み

＼ロングセラー／ 人生立て直しシリーズ 全4冊

片づけられない女のための こんどこそ！片づける技術
文藝春秋 2007年4月発売
ISBN：9784163690209
定価：本体952円（＋税）

↖足の踏み場もない
棚だらけのジャングルを、
突破口を開いて片づけて
床がほぼ全部！
見えるように
なったお話

↓続編

必要なものがスグに！とり出せる整理術！
KADOKAWA／メディアファクトリー 2008年6月発売
ISBN：9784040666283
定価：本体950円（＋税）

↖床が見えたところから、
すべての物の置き場所が決まる!!!!!
までのお話

貯められない女のための こんどこそ！貯める技術
文藝春秋 2007年12月発売
ISBN：9784163698205
定価：本体952円（＋税）

↖いつも気づいたら
残高がゼロ円
だった人（私）が
少しずつでも確実にお金を貯められるように
なるまでのお話

１日が見えてラクになる！時間整理術！
KADOKAWA／メディアファクトリー 2010年9月発売
ISBN：9784040670914
定価：本体950円（＋税）

なんで今日もいつの間にか夜なの!??
ってなっちゃうのをどうにかするための
具体的で有効な作戦が
満載

版、Kindle版ともに好評発売中☆（Kindle版はふりがな付きです）

分でも描いてみたい！という方はぜひこちらをお読みください

読まれるコミックエッセイの描き方（全2冊）
[1]作品そのもののこと
[2]作品の周辺のこと
BooksIKEKYO 2019年6月発売
※Kindle版のみの発行です。
各333円 または
KindleUnlimitedでお読みください

好評発売中！

ndle版やその他の著書はこちらからご覧くださいませ→
（Amazonの著者ページ）

罪《つみ》を重《かさ》ねてしまうのは
嫌《いや》だ
感《かん》じ取《と》れてないからって許《ゆる》されることじゃない
けど
いちいちレシピを見《み》るのは
もっと嫌《いや》だ
ささっとレシピ見《み》ちゃった方《ほう》が楽《らく》だよー迷《まよ》わないし味《あじ》も決《き》まるし
という友人《ゆうじん》もいるのですが私《わたし》はどうしても見《み》る気《き》にならないめんどくさい
メンドクサイポイントって人《ひと》によってけっこう違《ちが》うと思う

そんな私《わたし》が辿《たど》りついた

最強《さいきょう》の法則《ほうそく》

お野菜《やさい》には
肉《にく》っぽいものを
1《ひと》つ加《くわ》えとくと
料理《りょうり》っぽくなる

肉《にく》っぽいものとは
ベーコン、かつお節《ぶし》、
ちくわ、油揚《あぶらあ》げなど、
肉《にく》か魚《さかな》か大豆《だいず》でできてる
何《なに》か

例《れい》

ほうれん草《そう》
＋《たす》かつお節《ぶし》

切《き》り干《ぼ》し大根《だいこん》
＋《たす》ちくわ

小松菜《こまつな》
＋《たす》油揚《あぶらあ》げ

難《むずか》しい
柄《がら》on《オン》柄《がら》は
アジワカール星人《せいじん》にお任《まか》せして

私《わたし》は
モノトーン＋《プラス》差《さ》し色《いろ》1《ひと》つ
ぐらいに留《とど》めておけば

味《あじ》や香《かお》りの衝突《しょうとつ》は
回避《かいひ》できる

感《かん》じ取《と》れてなくても！

第《だい》13話《わ》完《かん》

第《だい》14話《わ》 私《わたし》にも感《かん》じ取《と》れる不味《まず》さの防《ふせ》ぎ方《かた》

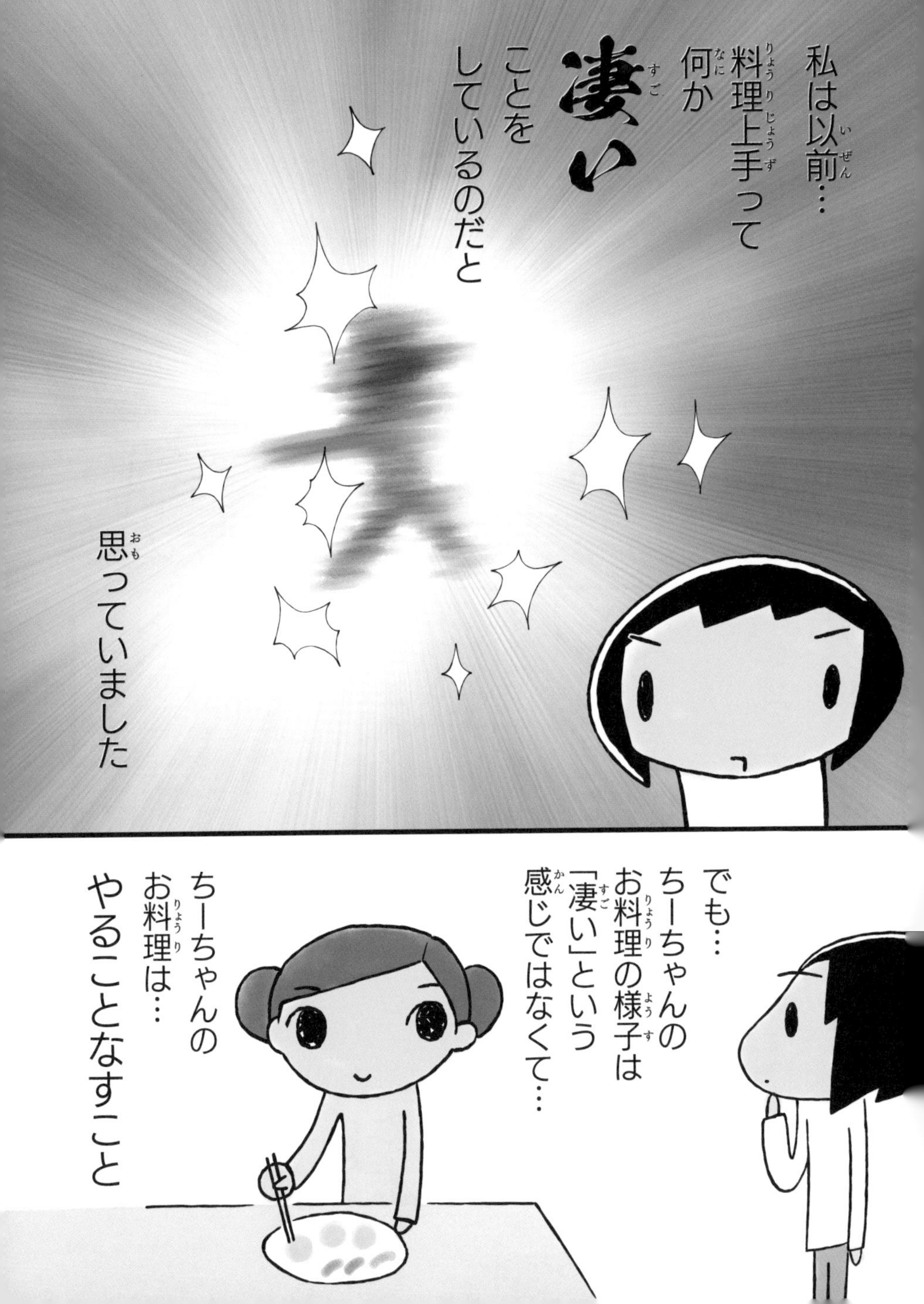
私《わたし》は以前《いぜん》…
料理上手《りょうりじょうず》って
何《なに》か
凄《すご》い
ことを
しているのだと
思《おも》っていました
でも…
ちーちゃんの
お料理《りょうり》の様子《ようす》は
「凄《すご》い」という
感《かん》じではなくて…
ちーちゃんの
お料理《りょうり》は…
やることなすこと

ちょうどいい
お肉《にく》はふっくらこんがり
お芋《いも》はほくほく
食感《しょっかん》がどれも絶妙《ぜつみょう》!!!

お肉《にく》の焼《や》き方《かた》?
特《とく》に何《なに》も考《かんが》えてないかな…
テキトーで大丈夫《だいじょうぶ》だよ?
お芋《いも》の茹《ゆ》で加減《かげん》?
鍋《なべ》の中《なか》で菜箸《さいばし》で転《ころ》がしてみた感触《かんしょく》でわかるよね?
そんなことあるの!!?
!?
恐《おそ》るべき熟練《じゅくれん》の技《わざ》!
だがしかし!

私《わたし》が
目《め》指《ざ》してるのは
不《ま》味《ず》くなさ

ちーちゃんみたいな
百《ひゃく》点《てん》満《まん》点《てん》のちょうどよさは
すぐには難《むずか》しくても

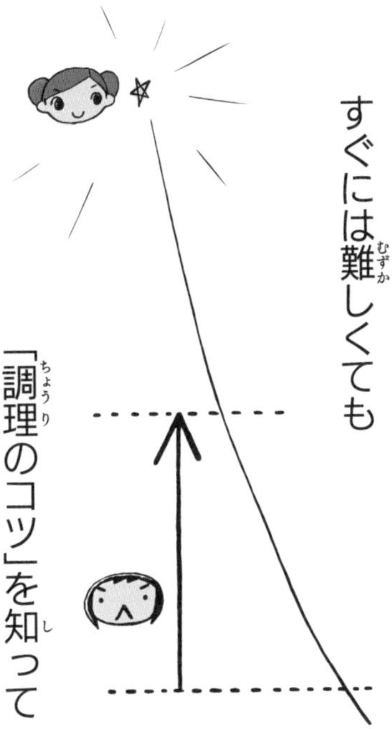

「調《ちょう》理《り》のコツ」を知《し》って
30点《てん》を65点《てん》に
するのは
そこまで難《むずか》しくない

あらゆる
料《りょう》理《り》のコツは
知《し》らなくても

日《ひ》頃《ごろ》やる調《ちょう》理《り》の
範《はん》囲《い》内《ない》で

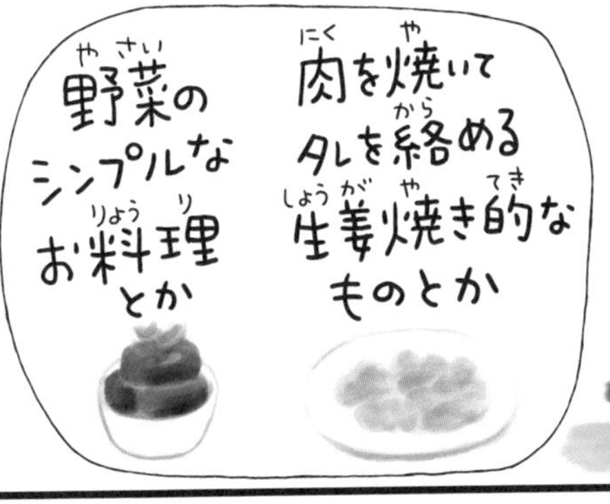

肉《にく》を焼《や》いて
タレを絡《から》める
生《しょう》姜《が》焼《や》き的《てき》な
ものとか
野《や》菜《さい》の
シンプルな
お料《りょう》理《り》
とか

ある程《てい》度《ど》
わかってればいい

ということで
僭《せん》越《えつ》ながら私《わたくし》めが

これまでに
あちこちで
教《おそ》わったり
読《よ》んだりして
やってみて覚《おぼ》えた
「不《ま》味《ず》い食《しょっ》感《かん》を
避《さ》けるコツ」を
まとめてみました

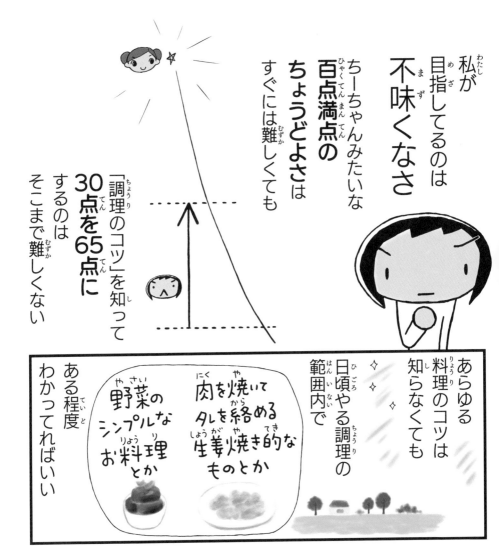

「不味《まず》くなく」作《つく》るための

不味《まず》い食《しょっ》感《かん》の発生《はっせい》ポイントとその対策《たいさく》

☆肉《にく》焼《や》いてタレ絡《から》める系《けい》のお料理《りょうり》

【例《れい》】鶏《とり》の照《て》り焼《や》き、豚《ぶた》の生姜《しょうが》焼《や》き

タレの材料《ざいりょう》

・醤油《しょうゆ》……1～2
・酒《さけ》………1～2
・みりん…0～2
・砂糖《さとう》……0～1

割合《わりあい》は
お好《この》み次第《しだい》で。

生姜《しょうが》は…

風味優先《ふうみゆうせん》なら
生《なま》のものをすりおろして

手軽《てがる》さ優先《ゆうせん》なら
チューブで

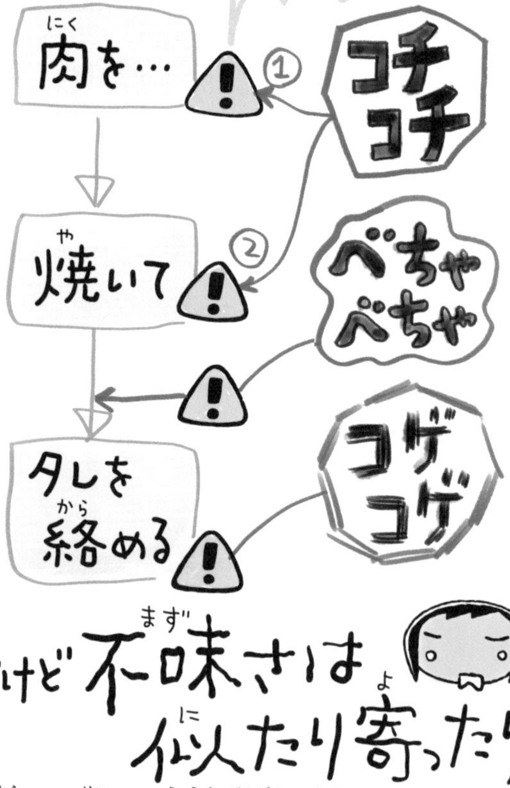
不味《まず》い食感《しょっかん》の発生《はっせい》ポイント
肉《にく》を…
①
コチコチ
焼《や》いて
②
べちゃべちゃ
タレを絡《から》める
コゲコゲ

美味《おい》しさは千差万別《せんさばんべつ》だけど不味《まず》さは似《に》たり寄《よ》ったり

☆このコツは肉焼《にくや》いてタレ絡《から》める系《けい》のお料理全般《りょうりぜんぱん》に共通《きょうつう》です。

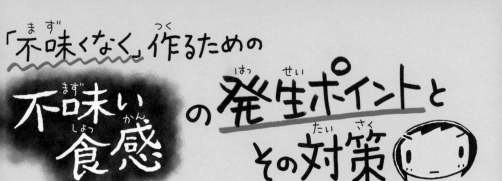

コチコチ

対策《たいさく》

①目立《めだ》つスジがあれば、焼《や》く前《まえ》に取《と》ったり切《き》ったりしておく

スジが特《とく》にちぢみやすいので

鶏《とり》モモ

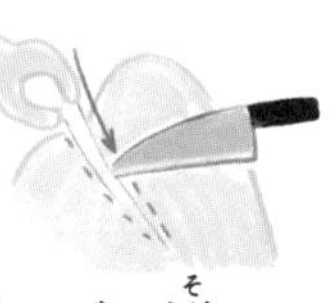

包丁《ほうちょう》の先《さき》でスジに沿《そ》って切《き》れ目《め》をいれて指《ゆび》で**取《と》る**

豚《ぶた》

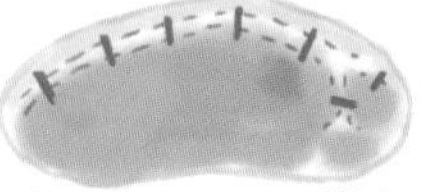

包丁《ほうちょう》の先《さき》やキッチン鋏《ばさみ》の先《さき》でスジを**断《た》ち切《き》る**

鶏肉《とりにく》はスジを取《と》ったらついでに…

両面《りょうめん》に軽《かる》く塩《しお》をふって15～20分《ぶん》置《お》き、

出《で》てきた水分《すいぶん》を拭《ふ》き取《と》ると臭《くさ》みも取《と》れるしプリッと締《し》まって美味《おい》しくなる

キッチンペーパーで

②中《なか》までちゃんと火《ひ》を通《とお》しつつも焼《や》きすぎないよう気《き》をつける

焼《や》くとちぢむので

色《いろ》をよく見《み》ながら、片側《かたがわ》から7、8割方《わりがた》火《ひ》が通《とお》ったのを確認《かくにん》してから裏返《うらがえ》して、反対側《はんたいがわ》をもう少《すこ》し焼《や》く

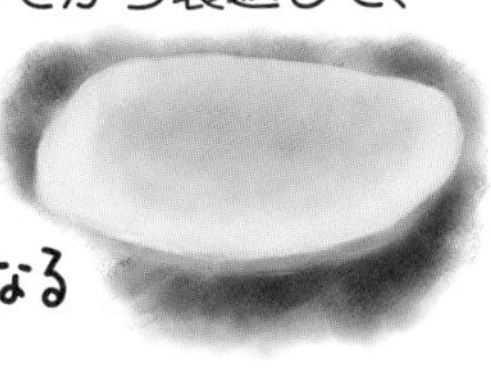

火《ひ》が通《とお》ると白《しろ》っぽくなる

ちなみに

鶏肉《とりにく》は皮《かわ》の側《がわ》を先《さき》に焼《や》くと皮《かわ》がパリッとなって美味《おい》しい

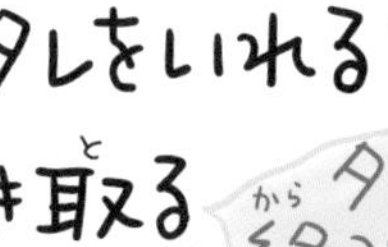

ぎゅう

皮《かわ》

デコボコをおさえながら焼《や》くとムラなく焼《や》ける

シリコンスプーンなどで

べちゃべちゃ

対策《たいさく》

肉《にく》にほぼ火《ひ》が通《とお》ったら、タレをいれる前《まえ》に余分《よぶん》なアブラを拭《ふ》き取《と》る

タレが絡《から》みやすくなる

フライパンに油《あぶら》をひいてから肉《にく》を焼《や》き…

肉《にく》から出《で》てきた脂《あぶら》をひいた油《あぶら》と一緒《いっしょ》に拭《ふ》き取《と》る

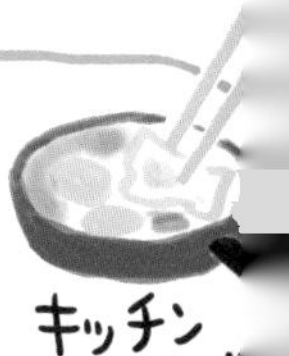

キッチンペーパーで

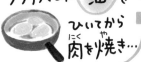

コゲコゲ対策《たいさく》

タレは食材《しょくざい》にほぼ火《ひ》が通《とお》ってからさっと絡《から》める

タレが入《はい》るとコゲやすくなるので

✿タレをとろっとさせたい場合《ばあい》は…

肉《にく》を取《と》りだしてからタレだけを煮《に》つめる

肉《にく》を先《さき》に取《と》りだして……

フライパンにこびりついた旨味《うまみ》が
タレに混《ま》ざるように、
焦《こ》がさないように、
へらで底《そこ》をこそげつつ混《ま》ぜながら
煮《に》つめて……

好《この》みの濃《こ》さになったら
タレを肉《にく》にかける

肉《にく》が焼《や》きすぎにならないので**コチコチ**も避《さ》けられる♪

煮魚《にざかな》の汁《しる》を煮《に》つめたい場合《ばあい》も同様《どうよう》に

こんがりとコゲコゲは紙一重《かみひとえ》

↑おいしい♪　↑マズい

ポイント

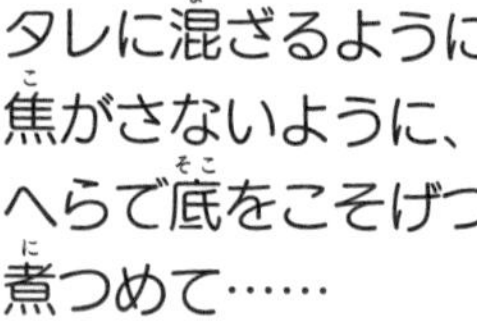

「こんがり」はココでじっくり作《つく》って…

肉《にく》は
あまり動《うご》かさずに焼《や》く方《ほう》が
いい感《かん》じの焼《や》き目《め》がつく

タレを
絡《から》めたらすぐ
火《ひ》を止《と》める

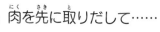

コチコチになりやすい食材《しょくざい》

鶏《とり》ムネ肉《にく》

脂《あぶら》が少《すく》ないので
健康的《けんこうてき》だけど
その分《ぶん》コチコチやパサパサになりやすい

常温《じょうおん》で固体《こたい》の、
要注意《ようちゅうい》な方《ほう》のアブラ

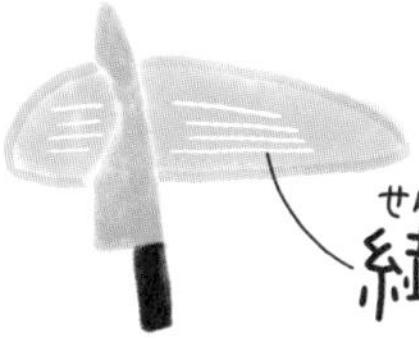

ひと口大《くちだい》に切《き》る場合《ばあい》は
繊維《せんい》を断《た》つ向《む》きに切《き》ると
口当《くちあ》たりが柔《やわら》かくなる

片栗粉《かたくりこ》を揉《も》み込《こ》んでから焼《や》くと
水分《すいぶん》が逃《に》げなくてしっとり焼《や》ける

ポリ袋《ぶくろ》に肉《にく》と粉《こな》と空気《くうき》をいれて
バタバタ振《ふ》って粉《こな》を
全体《ぜんたい》にまぶしてから
揉《も》み込《こ》む

イカ、エビ 貝《かい》

シーフードカレーの
イカやエビなどは、最初《さいしょ》から野菜《やさい》と一緒《いっしょ》に煮込《にこ》まずに
別《べつ》の鍋《なべ》で炒《いた》めて火《ひ》を通《とお》したものを
最後《さいご》の方《ほう》に加《くわ》えると、固《かた》くなるのを防《ふせ》げる

※ルーをいれた後《あと》はコゲやすいので
ヘラで底《そこ》をこするように混《ま》ぜながら煮《に》てください

ガチガチの食材《しょくざい》

肉《にく》ジャガや
肉豆腐《にくどうふ》などに
使《つか》う

牛肉《ぎゅうにく》

薄《うす》い切《き》り落《お》とし肉《にく》なら
安《やす》いお肉《にく》でも噛《か》み切《き》りやすいけど
煮込《にこ》み用《よう》の安《やす》い牛肉《ぎゅうにく》はまじでめちゃ固《かた》いので注意《ちゅうい》！

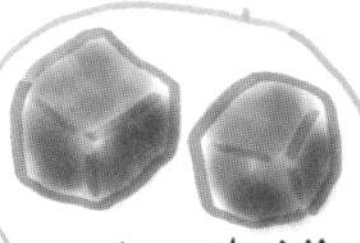

カレーなどに
使《つか》う

対策《たいさく》 しつこく長時間煮《ちょうじかんに》る、または「圧力鍋《あつりょくなべ》」を使《つか》う
（アブラやスジが多《おお》めのお肉《にく》は
長時間煮《ちょうじかんに》るとほぐれて柔《やわ》らかくなる）

野《や》菜《さい》の避《さ》けたい不味《まず》い食感《しょっかん》

お水《みず》で
びちゃびちゃ

火《ひ》が通《とお》ってなくて
カチカチ

ちょうどいい

火《ひ》が通《とお》りすぎて
ぐずぐずクタクタ

びちゃびちゃ対策《たいさく》

茹《ゆ》でて冷水《れいすい》に浸《つ》けた菜《な》っぱは**よく絞《しぼ》る**

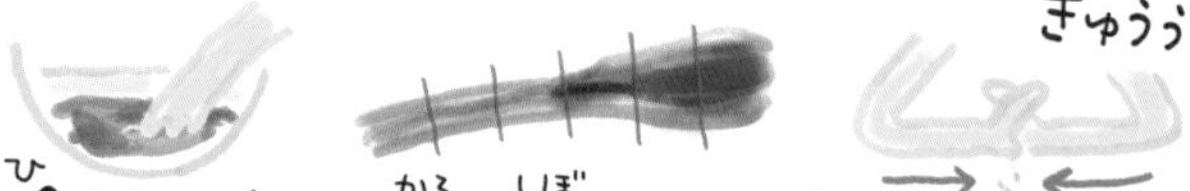

冷《ひ》えたことを触《さわ》って確認《かくにん》して

軽《かる》く絞《しぼ》ってから切《き》って

手《て》の平《ひら》にはさんでさらにしっかり絞《しぼ》る

茹《ゆ》でた豆《まめ》やブロッコリーなどは水《みず》に浸《つ》けなくていい

ザルにひろげて水《みず》を切《き》る

茹《ゆ》でるより**蒸《む》す**方《ほう》が手軽《てがる》で失敗《しっぱい》が少《すく》ない

ナベにいれるタイプの蒸《む》し器《き》が便利《べんり》

塩気《しおけ》があると**野菜《やさい》から水《みず》が出《で》て**
びちゃびちゃになってしまうので
味《あじ》つけはできるだけ**食《た》べる直前《ちょくぜん》に**

ホウレンソウに食卓《しょくたく》でしょうゆをかけるなど

まとめて調理《ちょうり》する場合《ばあい》は
味《あじ》つけの前《まえ》でとめておくと便利《べんり》

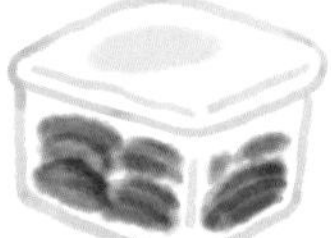

茹《ゆ》でたり蒸《む》したりだけしておいて使《つか》うときに味《あじ》つけする

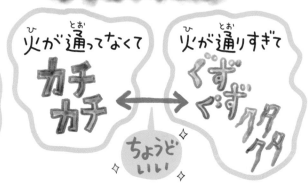

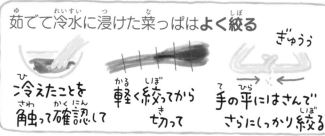

カチカチ⟷ぐずぐず クタクタ 対策《たいさく》

火《ひ》の通《とお》り方《かた》をちょうどよくする方《ほう》法《ほう》あれこれ

切《き》り方《かた》を工夫《くふう》する

たとえば
野菜炒《やさいいた》めにいれる
ニンジンは…

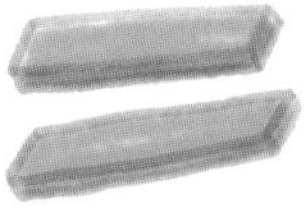

固《かた》いので
薄《うす》めに切《き》って…

カチカチを防《ふせ》ぐ

タイミングを工夫《くふう》する

ニンジンを ← 火《ひ》が通《とお》りやすい
モヤシやキャベツより**先《さき》に**
フライパンにいれて炒《いた》める

ホウレンソウなどは
茎《くき》を先《さき》に茹《ゆ》でる

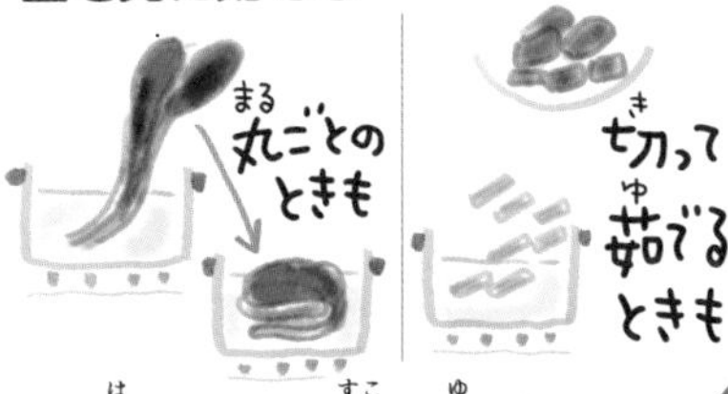
丸《まる》ごとのときも
切《き》って茹《ゆ》でるときも

葉《は》もいれて少《すこ》し茹《ゆ》でたら…

余熱《よねつ》をカットする

すぐに
冷水《れいすい》に浸《つ》けて
ひやす

クタクタを防《ふせ》ぐ

別々《べつべつ》に調理《ちょうり》する ← ちょっと面倒《めんどう》だけど最強《さいきょう》

1《ひと》つの鍋《なべ》の中《なか》で
あれこれちょうどよく
調理《ちょうり》するのは難《むずか》しい

何《なに》かに火《ひ》が通《とお》るのを
待《ま》ってる間《あいだ》にほかの何《なに》かが
ぐずぐずになったり…

別々《べつべつ》にちょうどよく調理《ちょうり》しちゃって
あとで合体《がったい》させればOK《オーケー》
(ラーメン屋《や》さん方式《ほうしき》)

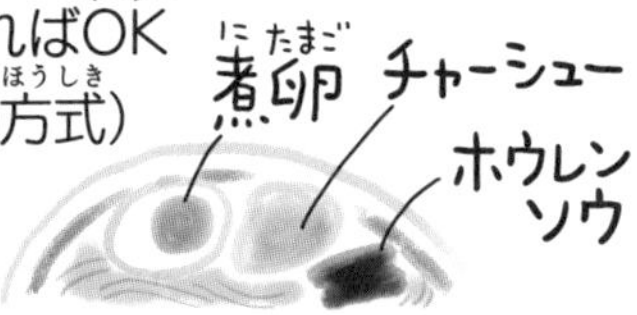
煮卵《にたまご》
チャーシュー
ホウレンソウ

私《わたし》は
例《れい》 カレーのジャガイモを別《べつ》の鍋《なべ》で
蒸《む》してから最後《さいご》にいれます

好物《こうぶつ》が溶《と》けると
悲《かな》しいので
ぐずぐずを防《ふせ》ぐ

要《よう》するにどんな手《て》使《つか》ってもゴールを揃《そろ》える!

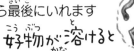

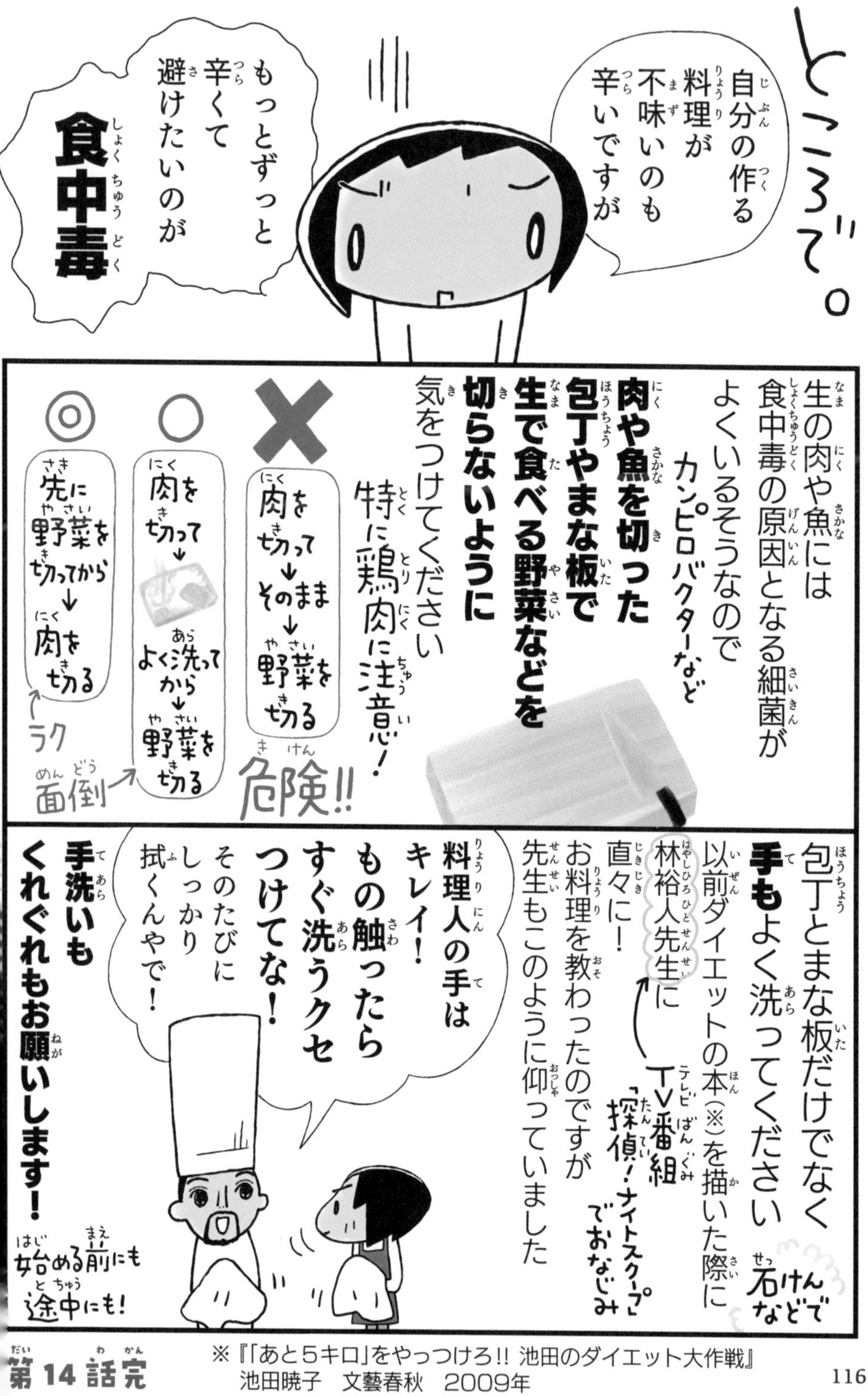

ところで。
自分《じぶん》の作《つく》る料理《りょうり》が不味《まず》いのも辛《つら》いですが
もっとずっと辛《つら》くて避《さ》けたいのが食中毒《しょくちゅうどく》
生《なま》の肉《にく》や魚《さかな》には食中毒《しょくちゅうどく》の原因《げんいん》となる細菌《さいきん》がよくいるそうなので
カンピロバクターなど
肉《にく》や魚《さかな》を切《き》った包丁《ほうちょう》やまな板《いた》で生《なま》で食《た》べる野菜《やさい》などを切《き》らないように
気《き》をつけてください
特《とく》に鶏肉《とりにく》に注意《ちゅうい》!
×
肉《にく》を切《き》って↓そのまま↓野菜《やさい》を切《き》る
危険《きけん》!!
○
肉《にく》を切《き》って↓よく洗《あら》ってから↓野菜《やさい》を切《き》る
面倒《めんどう》
◎
先《さき》に野菜《やさい》を切《き》ってから↓肉《にく》を切《き》る
ラク
包丁《ほうちょう》とまな板《いた》だけでなく手《て》もよく洗《あら》ってください
石《せっ》けんなどで
以前《いぜん》ダイエットの本《ほん》(※)を描《か》いた際《さい》に林裕人先生《はやしひろひとせんせい》に直々《じきじき》に!お料理《りょうり》を教《おそ》わったのですが先生《せんせい》もこのように仰《おっしゃ》っていました
TV番組《テレビばんぐみ》「探偵《たんてい》!ナイトスクープ」でおなじみ
料理人《りょうりにん》の手《て》はキレイ!もの触《さわ》ったらすぐ洗《あら》うクセつけてな!
そのたびにしっかり拭《ふ》くんやで!
手洗《てあら》いもくれぐれもお願《ねが》いします!
始《はじ》める前《まえ》にも途中《とちゅう》にも!

第《だい》14話《わ》完《かん》

※『「あと5キロ」をやっつけろ!! 池田のダイエット大作戦』
池田暁子　文藝春秋　2009年

第《だい》15話《わ》 私《わたし》の定番《ていばん》ざっくりレシピ

私《わたし》は…
長《なが》い長《なが》い間《あいだ》…

「レパートリー」は
多《おお》いほどいい

と
思《おも》い込《こ》んで
いました

「献立《こんだて》」を
組《く》み立《た》てられるように
なるためには
すごく沢山《たくさん》の料理《りょうり》を
覚《おぼ》えなければ…

脱《だつ》マンネリ!

マンネリ打破《だは》!

でも結局《けっきょく》

自分《じぶん》のやることが
ハッキリしてからは

バランスよく入手《にゅうしゅ》して
食《た》べ切《き》る!

肉焼《にくや》いてタレ絡《から》める何《なに》かと
焼《や》き魚《ざかな》と**煮魚《にざかな》**と
野菜《やさい》のシンプルなお料理《りょうり》と

あとは自分《じぶん》が知《し》ってる
いくつかの料理《りょうり》だけで
特《とく》に問題《もんだい》なく回《まわ》せてる

あの苦《くる》しみは
何《なん》だったんだ

ご参《さん》考《こう》
までに

私《わたくし》めの
定番料理《ていばんりょうり》を
ご紹介《しょうかい》します

うちにない材料《ざいりょう》を省《はぶ》いたらこうなった

略式麻婆豆腐《りゃくしきまーぼーどうふ》

材料《ざいりょう》 ひき肉《にく》 みそ 豆腐《とうふ》 鶏《とり》ガラスープ 片栗粉《かたくりこ》

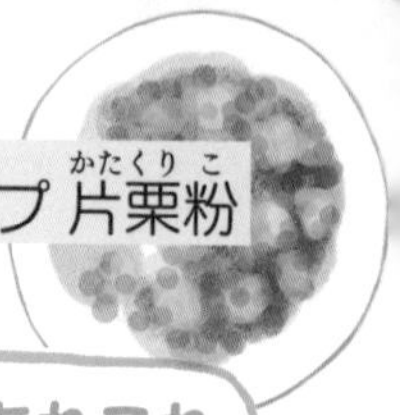

油《あぶら》をひいて…

ひき肉《にく》をよーく炒《いた》める

白《しろ》っぽく濁《にご》っていたアブラが透《す》き通《とお》るまで
水分《すいぶん》が飛《と》び臭《くさ》みが取《と》れる

キッチンペーパーでアブラを吸《す》い取《と》る
常温《じょうおん》で固体《こたい》だった脂《あぶら》
にちゃにちゃ対策《たいさく》
肉《にく》をよけてフライパンを傾《かたむ》けて

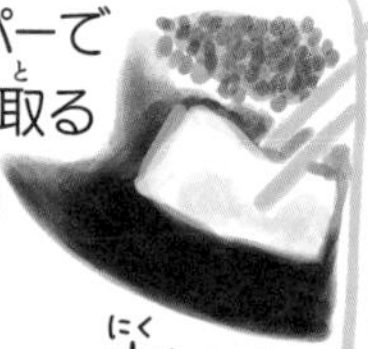

みそとスープを加《くわ》えて煮《に》る

みそなどの粘《ねば》り気《け》のある調味料《ちょうみりょう》は、液体《えきたい》(水《みず》、酒《さけ》、醤油《しょうゆ》など)でのばしてから加《くわ》えると混《ま》ぜやすい
液体《えきたい》を少《すこ》しずついれてのばす

水《みず》＋鶏《とり》ガラスープ

豆腐《とうふ》も加《くわ》えて温《あたた》める

豆腐《とうふ》の水切《みずき》りあれこれ

気《き》が向《む》けば…
- 切《き》って茹《ゆ》でる
  ちょっとしっかりふるっとした感《かん》じになる

めんどくさい時《とき》は…
- 手《て》で挟《はさ》んで押《お》さえる
  つぶれ気味《ぎみ》になる
- 電子《でんし》レンジで温《あたた》める
  若干《じゃっかん》スカスカになる
- そのままいれる
  すこし水《みず》っぽくなる

いけなくはない

みそは赤《あか》みそを使《つか》ってます
豆腐《とうふ》は絹《きぬ》ごし豆腐《どうふ》を使《つか》うことが多《おお》いです

とろみをつけて完成《かんせい》

もしあれば…
細《こま》かく切《き》ったネギもいれる
青《あお》ネギでも白《しろ》ネギでもいい
煮込《にこ》まなくていい さっと火《ひ》を通《とお》す

とろみのつけ方《かた》

同量《どうりょう》の水《みず》にいれてよくかき混《ま》ぜた片栗粉《かたくりこ》をいったん火《ひ》を止《と》めてから少《すこ》しずつ加《くわ》えて全体《ぜんたい》に混《ま》ぜてまた点火《てんか》してちょっとグツグツ沸《わ》かす

豆腐《とうふ》の代《か》わりにナスをいれると

略式麻婆《りゃくしきまーぼー》ナス

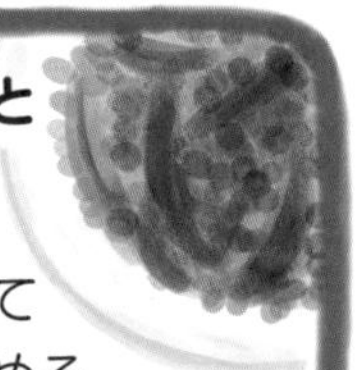

ナスは食《た》べやすい大《おお》きさにしてみそを加《くわ》える前《まえ》に投入《とうにゅう》して炒《いた》める
電子《でんし》レンジで加熱《かねつ》してから炒《いた》めると早《はや》い

「ちょい足《た》し」がエスカレートして…

本格《ほんかく》？ミートソース

主《おも》な材料《ざいりょう》 玉《たま》ネギ ひき肉《にく》 トマト

レトルトにひき肉《にく》やトマトを足《た》して何度《なんど》も作《つく》ってるうちに、「レトルトなしでも成立《せいりつ》するのでは？」とこうなった

玉《たま》ネギをしつこく炒《いた》める

油《あぶら》をひいて…

みじん切《ぎ》りにして炒《いた》める

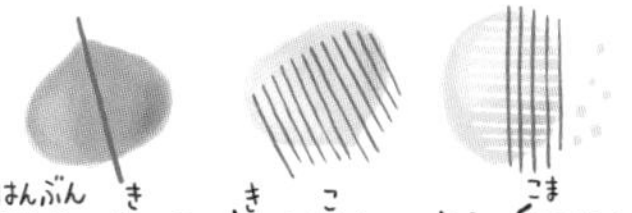

半分《はんぶん》に切《き》って皮《かわ》をむき　切《き》り込《こ》みをいれて　さらに細《こま》かく刻《きざ》む

はじめは強火《つよび》でいい
少《すこ》しずつ火《ひ》を弱《よわ》める

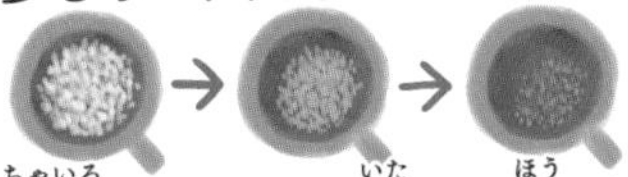

茶色《ちゃいろ》くなるまで炒《いた》めた方《ほう》が美味《おい》しい…ような気《き》がする

カレーにいれる時も同様に

電子《でんし》レンジで加熱《かねつ》してから炒《いた》めると早《はや》い

ひき肉《にく》を加《くわ》えてよく炒《いた》める

118ページ

キッチンペーパーでアブラを吸《す》い取《と》る

トマトを加《くわ》える

トマトの皮《かわ》は煮《に》ても残《のこ》るのでもし気《き》になるようならむいてから煮《に》る

浅《あさ》く切《き》れ目《め》をいれておいて…

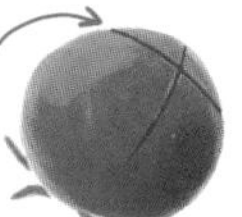

「湯《ゆ》むき」→熱湯《ねっとう》に短時間《たんじかん》浸《ひた》す

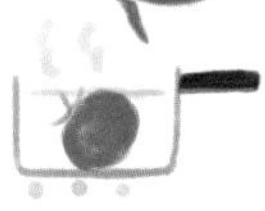

または

「直火《じかび》むき」→フォークに刺《さ》して炙《あぶ》る

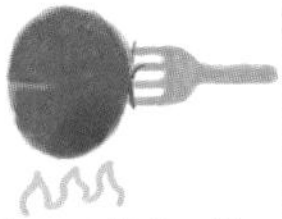

皮《かわ》が縮《ちぢ》んではがれてきたら水《みず》でひやしてむく

缶詰《かんづめ》のトマトなら皮《かわ》むき不要《ふよう》

あればブイヨンキューブをいれる

ビーフシチューとかハヤシライスとかの茶色《ちゃいろ》い系《けい》のルーを1《ひと》かけいれたりしてます
洋食《ようしょく》っぽくまとまる気《き》がして

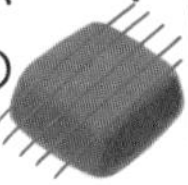

とけやすいように切っていれる。

煮詰《につ》めたら完成《かんせい》

味見《あじみ》して塩胡椒《しおこしょう》を加《くわ》える。酸《す》っぱかったら砂糖《さとう》を少《すこ》し加《くわ》える

パスタの袋《ふくろ》は…

タテに開《あ》けると飛《と》び出《だ》してこない

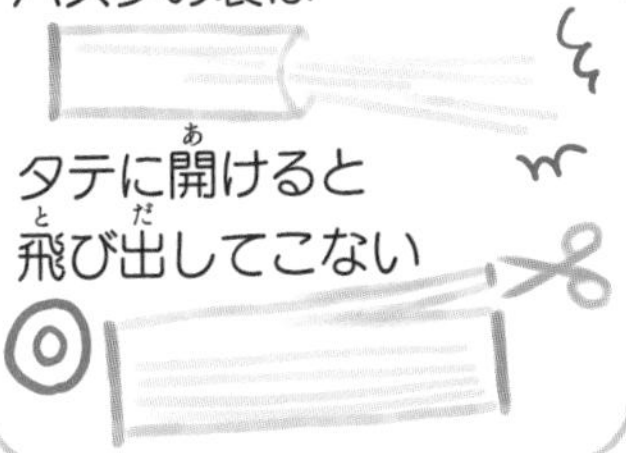

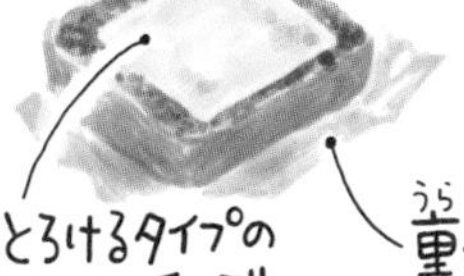

残《のこ》ったのをパンに塗《ぬ》ってオーブントースターで焼《や》いたりもします

とろけるタイプのスライスチーズ

裏《うら》が焦《こ》げるのを防《ふせ》ぐためにアルミホイルをしく

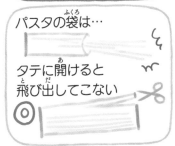

友人《ゆうじん》に「鉄分《てつぶん》を摂《と》れ」といわれて

アサリご飯《はん》

材料《ざいりょう》 米《こめ》 酒《さけ》 醤油《しょうゆ》 むきアサリ

アサリを酒《さけ》としょうゆで軽《かる》く煮《に》る

煮汁《にじる》と水《みず》でお米《こめ》を炊《た》く

炊《た》けたらアサリを混《ま》ぜて完成《かんせい》

ポイント

煮汁《にじる》と身《み》を分《わ》けて…

身《み》の方《ほう》は一緒《いっしょ》に炊《た》くと固《かた》くなるので炊《た》けてから混《ま》ぜる

コチコチ対策《たいさく》

お米《こめ》は軽《かる》く洗《あら》って30分以上《ぶんいじょう》水《みず》に浸《ひた》しておく

煮汁《にじる》や、酒《さけ》・醤油《しょうゆ》をいれ、炊飯器《すいはんき》の目盛《めもり》を見《み》て白《しろ》ご飯《はん》の時《とき》と同《おな》じ水加減《みずかげん》にする

醤油《しょうゆ》は少《すく》なめにしてみて薄《うす》ければ次回少《じかいすこ》し増《ふ》やすまたは海苔《のり》や醤油《しょうゆ》をつけて食《た》べる

好物《こうぶつ》のタケノコで

タケノコご飯《はん》

材料《ざいりょう》 米《こめ》 酒《さけ》 醤油《しょうゆ》 茹《ゆ》でタケノコ

炊飯器《すいはんき》に米《こめ》、酒《さけ》、しょうゆ水《みず》をいれる

薄《うす》く切《き》った茹《ゆ》でタケノコをのせて炊《た》く

炊《た》けたらざっくり混《ま》ぜて完成《かんせい》

ポイント

タケノコは薄《うす》く切《き》って平《たい》らにのせる

厚《あつ》く切《き》ってのせて炊《た》いたら均一《きんいつ》に炊《た》けなかったので

グズグズ　カチカチ

以前《いぜん》はお米《こめ》を袋《ふくろ》のまま保管《ほかん》していたのですが…

いちいち持《も》ち上《あ》げて開《あ》け閉《し》め

米《こめ》びつを買《か》ってみたら

フタ

プラスチックの簡《かん》単《たん》なもの

使《つか》うのが楽《らく》になりました

お米《こめ》はこんな風《ふう》に洗《あら》ってます

ボウルにお米《こめ》を計《はか》っていれて

水《みず》を注《そそ》いですぐ捨《す》てて

濡《ぬ》れた状態《じょうたい》で軽《かる》くにぎにぎして

水《みず》をいれてすすぐことを3～4回繰《かいく》り返《かえ》す

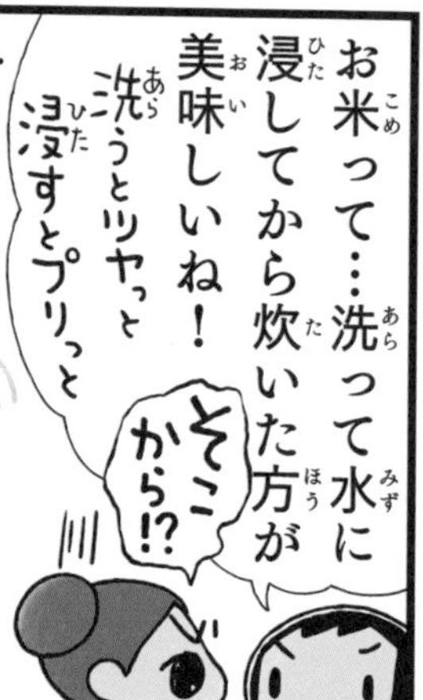
お米《こめ》って…洗《あら》って水《みず》に浸《ひた》してから炊《た》いた方《ほう》が美《お》味《い》しいね！
洗《あら》うとツヤっと浸《ひた》すとプリっと
そこから!?

麺《めん》がフライパンに焦《こ》げつかない

焼《や》きそば

材料《ざいりょう》 豚肉《ぶたにく》 野菜《やさい》 市販《しはん》の焼《や》きそば

ご飯《はん》がベチャベチャしない

チャーハン

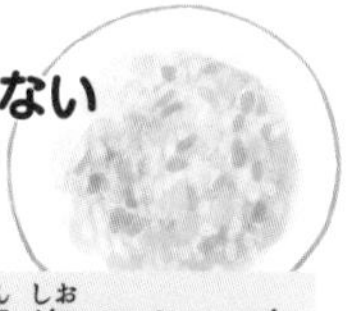

材料《ざいりょう》 ベーコン 卵《たまご》 ご飯《はん》 塩《しお》 コショウ

油《あぶら》をひいて…

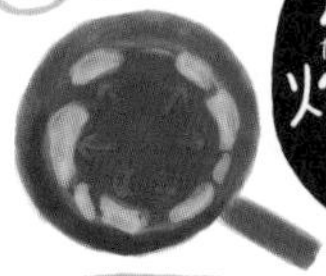

豚肉《ぶたにく》を焼《や》いて端《はし》へ寄《よ》せる

ニンジン、キャベツ モヤシなど

まん中《なか》に野菜《やさい》をどさっと加《くわ》える

野菜《やさい》がしなっとしたら

野菜《やさい》の上《うえ》に温《あたた》めた麺《めん》をのせる

ソースを加《くわ》えて混《ま》ぜたら完成《かんせい》

まず麺《めん》に混《ま》ぜてから全体《ぜんたい》を混《ま》ぜる

ポイント

ご飯《はん》や麺《めん》は温《あたた》めてから入れる

冷《つめ》たいとほぐれにくいので電子《でんし》レンジで温《あたた》めて

野菜《やさい》の上《うえ》におけば焦《こ》げつかない

味見《あじみ》しながら塩胡椒《しおこしょう》を加《くわ》える しょうゆもちょっとかけてます

味《あじ》が薄《うす》ければソースを足《た》す

油《あぶら》をひいて…

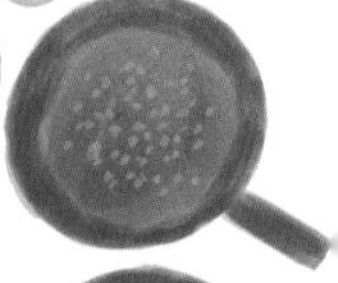

ベーコンを細《こま》かく切《き》って焼《や》く

溶《と》き卵《たまご》を加《くわ》える

卵《たまご》の上《うえ》に

温《あたた》かいご飯《はん》をのせる

ご飯《はん》を卵《たまご》と混《ま》ぜたら完成《かんせい》

ヘラで切《き》るように混《ま》ぜたり シリコンスプーンの背《せ》で押《お》してかたまりをくずしたり

安全《あんぜん》にあれこれいれられる、名前《なまえ》のついてる具沢山《ぐだくさん》ラーメン

ちゃんぽん麺《めん》

材料《ざいりょう》 具材《ぐざい》 市販《しはん》の袋麺《ふくろめん》

例《れい》 豚肉《ぶたにく》、かまぼこ シーフードミックス にんじん、キャベツ もやし、しめじ

フライパンで具材《ぐざい》を炒《いた》める

鍋《なべ》で袋麺《ふくろめん》を作《つく》って丼《どんぶり》にいれる

炒《いた》めた具材《ぐざい》をのせたら完成《かんせい》

一緒《いっしょ》に煮込《にこ》まず上《うえ》にのせる方《ほう》が、餌《えさ》じゃなく食事《しょくじ》って感《かん》じになる…気《き》がする

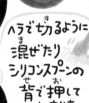

料理《りょうり》っぽく調理《ちょうり》してとにかく食《た》べ切《き》る！

野菜《やさい》のシンプルなお料理《りょうり》

分類《ぶんるい》してみましたっ

油《あぶら》を使《つか》う

食《た》べやすい大《おお》きさに切《き》る

- 油《あぶら》で炒《いた》める
  - 砂糖《さとう》と醤油《しょうゆ》と酒《さけ》で炒《いた》めながら味《あじ》つけする
    - **きんぴら**

      ゴボウやレンコンで
  - 砂糖《さとう》と醤油《しょうゆ》と少《すこ》しの水《みず》で煮《に》ながら味《あじ》つけする
    - **炒《いた》め煮《に》**

      ナスで
- 油《あぶら》をひいて焼《や》く
  - 酢《す》を混《ま》ぜた麺《めん》つゆに浸《つ》ける
    - **焼《や》き浸《びた》し**

      カボチャやオクラやナスで
- 醤油《しょうゆ》と少《すこ》しの水《みず》でさっと煮《に》て味《あじ》つけする
  - **煮《に》浸《びた》し**

    コマツナやチンゲンサイで
    ちくわか油《あぶら》あげと一緒《いっしょ》に
- 塩《しお》で水気《みずけ》を抜《ぬ》く
  - 砂糖《さとう》を溶《と》かした酢《す》で味《あじ》つけする
    - **酢《す》の物《もの》**

      キュウリで
      ちくわやわかめと一緒《いっしょ》に
- ※市販《しはん》の「らっきょう酢《す》」に漬《つ》ける
  - **ピクルス**

    キュウリ、ニンジン、カブなどで
    ※酢《す》、砂糖《さとう》、塩《しお》、だしなどが入っている

酢《す》を使《つか》う

茹《ゆ》でて絞《しぼ》る
→ 食《た》べやすい大《おお》きさに切《き》る
→ 醤油《しょうゆ》で味《あじ》つけする
→ **おひたし**

ホウレンソウで
かつお節《ぶし》をかけて

塩《しお》でキュウリの水気《みずけ》を抜《ぬ》くやり方《かた》

薄《うす》く切《き》る

ややナナメに切《き》るところがりにくい

少《すこ》しの塩《しお》をかけてそっと混《ま》ぜ、全体《ぜんたい》に行《い》き渡《わた》らせて15～20分《ぷん》待《ま》つ

しんなりしたら絞《しぼ》る

少《すこ》しずつ手《て》の平《ひら》にはさんで

ぎゅう

「塩《しお》もみ」と呼《よ》ばれる作業《さぎょう》ですがもみません！

熱《ねつ》で壊《こわ》れる栄養素《えいようそ》もあるらしいので

生野菜《なまやさい》のサラダ

材料《ざいりょう》 生野菜《なまやさい》 ベーコン オリーブオイル ワインビネガー 塩《しお》 胡椒《こしょう》

1. ボウルに生野菜《なまやさい》をいれる
2. オリーブオイルをかけて混《ま》ぜる
3. ワインビネガーをかけて混《ま》ぜる
4. 塩《しお》とコショウをかけて混《ま》ぜて完成《かんせい》

食《た》べやすい大《おお》きさに切《き》って

カニカマを粗《あら》くさいていれたりもしてます

1つ《ひと》ずつ混《ま》ぜればドレッシングを作《つく》らなくていい

トングで混《ま》ぜる

サラダにいれる肉《にく》っぽいもの

カリカリベーコン

ベーコンを薄《うす》く切《き》ってキッチンペーパーでふわっと包《つつ》んで…

電子《でんし》レンジで2分《ふん》ぐらい

ハチミツを少《すこ》し加《くわ》えて甘《あま》くするのも好《す》き

⚠1歳未満《さいみまん》の乳児《にゅうじ》には危険《きけん》なのでハチミツを与えないでください！

「乳児《にゅうじ》ボツリヌス症《しょう》」を発症《はっしょう》することがあるので

自作《じさく》した方《ほう》が安《やす》くたくさん食《た》べられる

ポテトサラダ

材料《ざいりょう》 ジャガイモ キュウリ ベーコン マヨネーズ 塩《しお》 胡椒《こしょう》

具

調味料《ちょうみりょう》

1. ジャガイモを丸《まる》ごと蒸《む》す
2. 皮《かわ》を剥《む》いて粗《あら》くつぶす
3. 具《ぐ》を用意《ようい》する
4. イモと具《ぐ》と調味料《ちょうみりょう》を混《ま》ぜたら完成《かんせい》

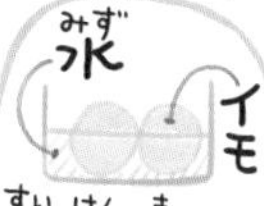

炊飯器《すいはんき》で炊《た》く

熱《あつ》いうちに！

カリカリベーコンと絞《しぼ》ったキュウリ 122ページ

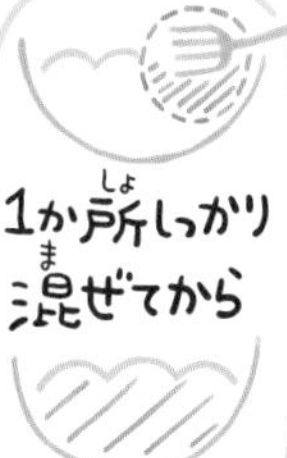

1か所《しょ》しっかり混《ま》ぜてから

全体《ぜんたい》を混《ま》ぜる

乳製品《にゅうせいひん》や果物《くだもの》も摂《と》った方《ほう》がいいらしいので

ヨーグルトと果物《くだもの》

材料《ざいりょう》 ヨーグルト ドライフルーツ

マンゴーとかイチジクとか

1. プレーンヨーグルトのフタを開《あ》ける
2. ドライフルーツをヨーグルトに沈《しず》める
3. 半日《はんにち》ぐらい待《ま》てば完成《かんせい》

フルーツが水気《みずけ》を吸《す》ってお互《たが》いイイ感《かん》じになる

甘《あま》い果物《くだもの》にヨーグルトをかけるのも好《す》き

バナナとか

柿《かき》とか

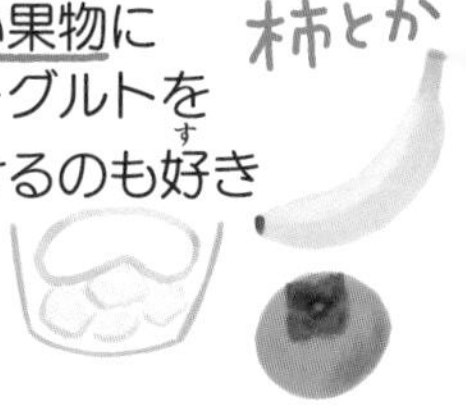

安全《あんぜん》にあれこれ入《い》れられる、名前《なまえ》のついてる具沢山《ぐだくさん》みそ汁《しる》

豚汁《とんじる》

材料《ざいりょう》 豚汁《とんじる》っぽい具材《ぐざい》 みそ

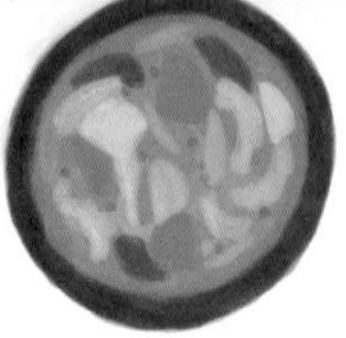

おおよそ
こんな感《かん》じです

レシピ本《ぼん》を10冊《さつ》
見比《みくら》べてみた

具材《ぐざい》を
油《あぶら》で炒《いた》めてから煮《に》ると
こってりした
豚汁《とんじる》になる

具材《ぐざい》を切《き》る
↓
具材《ぐざい》を水《みず》で煮《に》る
↓
煮汁《にじる》にみそを溶《と》きいれたら完成《かんせい》

みそのいれ方《かた》

お玉《たま》かシリコンスプーンに
取《と》って、煮汁《にじる》で少《すこ》しずつ
溶《と》きながらいれる

あまり煮立《にた》てない方《ほう》が
みその香《かお》りを残《のこ》せる

だいたい入《はい》ってる

豚肉《ぶたにく》
ダイコン、ニンジン、ゴボウ
白《しろ》ネギまたは青《あお》ネギ

入《はい》ってることもある

こんにゃく
キノコ(しいたけ、しめじ)
芋《いも》(サトイモ、サツマイモ、ジャガイモ)

好《この》みの違《ちが》いも平和的《へいわてき》に解決《かいけつ》

シンプルな鍋《なべ》

材料《ざいりょう》 鶏《とり》ガラスープ 白菜《はくさい》 鶏肉《とりにく》 豆腐《とうふ》

煮《に》る順番《じゅんばん》

白菜《はくさい》の
厚《あつ》いところ
↓
白菜《はくさい》の
薄《うす》いところ
↓
鶏肉《とりにく》
↓
豆腐《とうふ》

薄《うす》くそいでます

煮《に》すぎると
スカスカになるので
最後《さいご》にいれてます

鍋《なべ》に鶏《とり》ガラスープと水《みず》をいれる
↓
具材《ぐざい》を煮《に》たら完成《かんせい》

鍋《なべ》はあっさり
鶏《とり》ガラスープだけにして、
手《て》もとでそれぞれ
好《す》きな味《あじ》にして食《た》べてます

ポン酢《ず》

柚子胡椒《ゆずこしょう》
または
コチュジャン

韓国《かんこく》の辛《から》い調味料《ちょうみりょう》

第《だい》15話《わ》完《かん》

第《だい》16話《わ》 レシピの海《うみ》の泳《およ》ぎ方《かた》

食《しょく》に興味《きょうみ》の持《も》てない
私《わたし》ですが…
料理《りょうり》番組《ばんぐみ》を見《み》るのは
わりと好《す》き
ワク　ワク
料理《りょうり》に限《かぎ》らず
人《ひと》が何《なに》かを
作《つく》ってるところを
見《み》るのが好《す》き
リフォームとか
ロボットとか
レシピ本《ぼん》も
長年《ながねん》にわたって
さんざん
買《か》ってきました
買《か》ったら
できるようになる
気《き》がして
でも ちっとも
自分《じぶん》の料理《りょうり》に
結《むす》びついてなかった
見《み》たら見《み》っぱなし
買《か》ったら買《か》いっぱなし
覚《おぼ》えてないし
生《い》かせない
インターネットと
スマホのおかげで
いつでもすぐに
レシピを検索《けんさく》できる
ありがたい時代《じだい》に
なったのですが……

相《あい》変《か》わらず迷子《まいご》
一体全体《いったいぜんたい》どうして私《わたし》は
世《よ》の中《なか》にこんなにたくさんレシピがあるのにぜんぜん使《つか》いこなせないの?
それはですね!
やっとわかった
「何《なに》を作《つく》るか」から決《き》めようとしていたから!
たくさんあって選《えら》べない
大事《だいじ》なのは何《なに》を作《つく》るかではなく何《なに》を食《た》べるか!
バランスよく入手《にゅうしゅ》してとにかく食《た》べ切《き》る!
ネット上《じょう》のレシピは手《て》もとの食材《しょくざい》を不味《まず》くなく料理《りょうり》するのにすごく便利《べんり》!
やっと気《き》づいた
「食材《しょくざい》の名前《なまえ》」+《たす》「レシピ」で検索したらレシピがたくさん出《で》てくるのでいくつも開《あ》けてみて
○○○ レシピ
検索《けんさく》!
組《く》み合《あ》わせの不味《まず》さを避《さ》けるために材料《ざいりょう》を見《み》る
食感《しょっかん》の不味《まず》さを避《さ》けるために作《つく》り方《かた》を見《み》る
いろんなレシピを見《み》てみる
たとえば

豚肉《ぶたにく》と豆苗《とうみょう》があるんだけど…
豚肉《ぶたにく》 豆苗《とうみょう》 レシピ
検索《けんさく》!
材料《ざいりょう》を見《み》て…
味《あじ》つけは…
ポン酢《ず》で大丈夫《だいじょうぶ》そう
ざっくり多《た》数《すう》決《けつ》で
作《つく》り方《かた》を見《み》て…
どのレシピもだいたい豆苗《とうみょう》は最後《さいご》に加《くわ》えてる
火《ひ》が通《とお》りやすいからかな
豚肉《ぶたにく》を焼《や》く
調味料《ちょうみりょう》を絡《から》める
豆苗《とうみょう》をいれる
肉《にく》焼《や》いてタレ絡《から》める系《けい》のお料理《りょうり》
十《プラス》野菜《やさい》
スーパーに「あん肝《きも》」があったので買《か》ってきてしまった
前《まえ》に旅先《たびさき》でめちゃくちゃ美味《おい》しかったので
どうすんのこれ
べべーん
「あん肝《きも》」「レシピ」で検索《けんさく》して…
ええと要《よう》するに…
目立《めだ》つものだけとればOK《オーケー》
薄皮《うすかわ》と血管《けっかん》をとる
臭《くさ》みをとる
酒《さけ》と塩《しお》をまぶして20~30分《ぷん》おいてふきとる
棒状《ぼうじょう》に成形《せいけい》する
アルミホイルなどで
熱《ねっ》して固《かた》める
15~20分《ぷん》蒸《む》す
無事《ぶじ》に食《た》べることができました☆
うま!♡
ところでちーちゃんですが…
ちーちゃんってお料理《りょうり》するときレシピ見《み》てなかったよね
うんレシピはほとんど見《み》ないけど
その代《か》わり

味見《あじみ》は必《かなら》ずするよ
薄《うす》いのは直《なお》せるけど濃《こ》すぎると直《なお》せないから味見《あじみ》をしながら少《すこ》しずつ足《た》していく感《かん》じで
私《わたし》は…レシピの分量《ぶんりょう》もほぼ見《み》ないし
何《なに》が入《はい》ってるかだけ見《み》る
味見《あじみ》もほとんどしてない
しょっぱいのが苦手《にがて》だからレシピ通《どお》りだと調味料《ちょうみりょう》が多《おお》いと感《かん》じることが多《おお》いので
味見《あじみ》をして私《わたし》にちょうどよく調節《ちょうせつ》しても夫《おっと》には薄《うす》すぎるし夫《おっと》にあわせて濃《こ》い味《あじ》を我慢《がまん》するのも嫌《いや》なので
味《あじ》つけは薄《うす》めテキトーで各自《かくじ》食卓《しょくたく》で調節《ちょうせつ》！という方針《ほうしん》なのですが
料理《りょうり》にお醤油《しょうゆ》がドバッとかかる様子《ようす》を見《み》るとストレスを感《かん》じるので
しょっぱい
ちょっとずつしか出《で》ない醤油《しょうゆ》さしを使《つか》っています
押《お》した分《ぶん》だけ出《で》る「プッシュ式《しき》」
倒《たお》れてもこぼれない♪

第《だい》16話《わ》完《かん》

料理上手《りょうりじょうず》ちーちゃんのオススメの料理本《りょうりぼん》

ちーちゃん オススメの 料理本《りょうりぼん》て ある？
1冊《さつ》 挙《あ》げるなら 『向田邦子《むこうだくにこ》の手料理《てりょうり》』かな
その本《ほん》！ 私《わたし》も 持《も》ってる！
料理上手《りょうりじょうず》 仲間《なかま》の あいだでも 評判《ひょうばん》がいいよ 私《わたし》のお気《き》に入《い》りは クレソン炒飯《チャーハン》

1989年《ねん》
6月発売《がつはつばい》

私《わたし》の。→
うっかり お鍋《なべ》置《お》いちゃった あとが…

向田邦子の手料理

『向田邦子《むこうだくにこ》の手料理《てりょうり》』
監修《かんしゅう》と料理製作《りょうりせいさく》 向田和子《むこうだかずこ》 編者《へんしゃ》 講談社《こうだんしゃ》

30年《ねん》以上前《いじょうまえ》の本《ほん》なのに
今《いま》も現役《げんえき》バリバリで書店《しょてん》に並《なら》ぶ
超《ちょう》ロングセラー

向田邦子《むこうだくにこ》さんは
脚本家《きゃくほんか》・小説家《しょうせつか》・エッセイストで…

よそでおいしいものを頂《いただ》いて、「うむ、この味《あじ》は絶対《ぜったい》に真似《まね》して見《み》せるぞ」という時《とき》、私《わたし》は必《かなら》ず決《き》まった姿勢《しせい》を取《と》ることにしています。全身《ぜんしん》の力《ちから》を抜《ぬ》き、右手《みぎて》をこめかみに軽《かる》く当《あ》てて目《め》を閉《と》じます。レストランのざわめきも音楽《おんがく》も、同席《どうせき》している友人達《ゆうじんたち》の会話《かいわ》もみな消《き》えて、私《わたし》は闇《やみ》の中《なか》にひとり座《すわ》って、無念無想《むねんむそう》でそのものを味《あじ》わっているというつもりになるのです。どういうわけか、この時《とき》、全神経《ぜんしんけい》がビー玉ほどの大きさになって、右目《みぎめ》の奥《おく》にスウッと集《あつ》まるような気《き》がすると、「この味《あじ》は覚《おぼ》えたぞ」ということになります。

眠《ねむ》る盃《さかずき》「幻《まぼろし》のソース」※

凄《すご》い能力《のうりょく》だ…
アジワカール星人《せいじん》かも！

※『向田邦子《むこうだくにこ》の手料理《てりょうり》』より引用《いんよう》

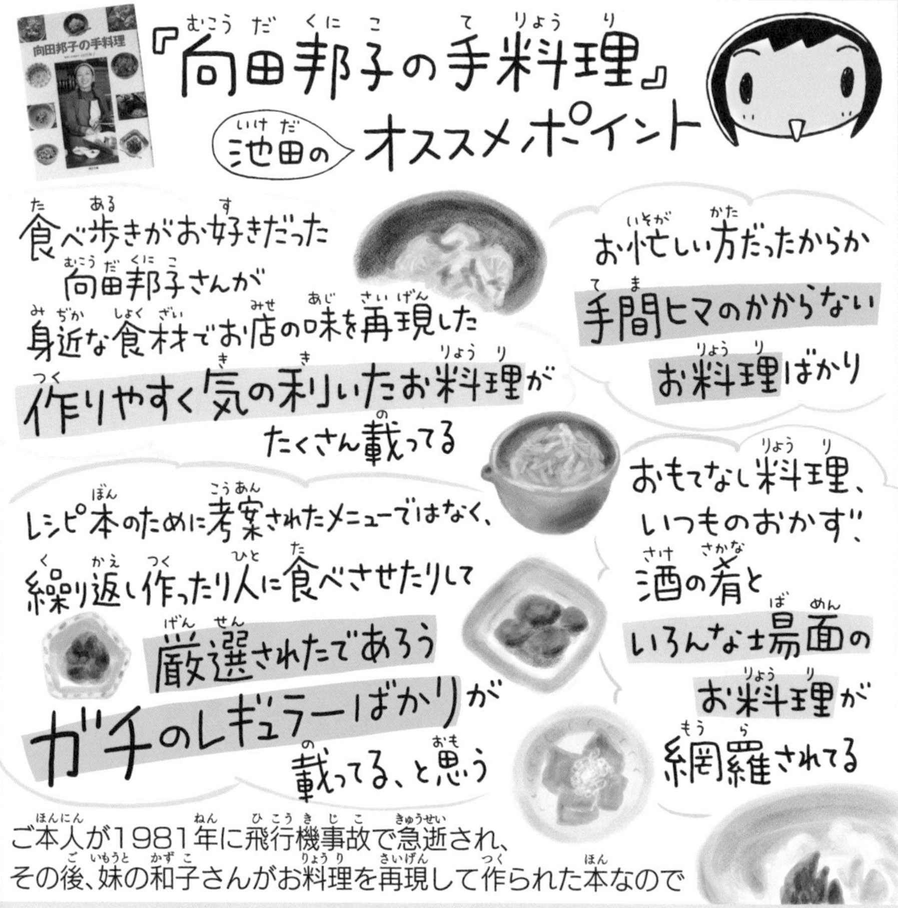

向田邦子の手料理
『向田《むこうだ》邦子《くにこ》の手料理《てりょうり》』
池田《いけだ》の
オススメポイント
食《た》べ歩《ある》きがお好《す》きだった
向田邦子《むこうだくにこ》さんが
身近《みぢか》な食材《しょくざい》でお店《みせ》の味《あじ》を再現《さいげん》した
作《つく》りやすく気《き》の利《き》いたお料理《りょうり》が
たくさん載《の》ってる
お忙《いそが》しい方《かた》だったからか
手間《てま》ヒマのかからない
お料理《りょうり》ばかり
レシピ本《ぼん》のために考案《こうあん》されたメニューではなく、
繰《く》り返《かえ》し作《つく》ったり人《ひと》に食《た》べさせたりして
厳選《げんせん》されたであろう
ガチのレギュラーばかりが
載《の》ってる、と思《おも》う
おもてなし料理《りょうり》、
いつものおかず、
酒《さけ》の肴《さかな》と
いろんな場面《ばめん》の
お料理《りょうり》が
網羅《もうら》されてる
ご本人《ほんにん》が1981年《ねん》に飛行機事故《ひこうきじこ》で急逝《きゅうせい》され、
その後《ご》、妹《いもうと》の和子《かずこ》さんがお料理《りょうり》を再現《さいげん》して作《つく》られた本《ほん》なので

ところで私《わたし》は20代《だい》の頃《ころ》
この本《ほん》の器《うつわ》のページを見《み》て
食器《しょっき》の魅力《みりょく》に目覚《めざ》め…
ステキ！
骨董市通《こっとういちがよ》いにはまって
日本《にほん》の明治《めいじ》・大正時代《たいしょうじだい》の
ガラス器《き》が大好《だいす》きになって…
吹《ふ》きガラスを習《なら》い始《はじ》めた
エネルギーが
どうしても
食《しょく》に向《む》かわない…

第《だい》6章《しょう》 食材《しょくざい》を使《つか》い切《き》るには？

以前《いぜん》よりまめに料理《りょうり》をするようになってみて…
ナニコレ
大変《たいへん》すぎる

食材《しょくざい》に急《せ》き立《た》てられる日《ひ》々《び》…
ハヤク
イタンジャウヨ
ハヤクハヤクハヤク——ハヤク
ハヤクハヤク
ハヤク——
ハヤク
人間《にんげん》…
こんなに冷蔵庫《れいぞうこ》の中身《なかみ》の心配《しんぱい》ばかりして暮《く》らさなきゃいけないもの!?
そんなある日《ひ》

第《だい》17話《わ》 腐《くさ》る肉《にく》に追《お》われる！！！ ナマモノを迎《むか》え撃《う》つ私《わたし》の布《ふ》

とある料理研究家《りょうりけんきゅうか》さんの御本《ごほん》を見《み》ていたら……
えぇっ!
この写真《しゃしん》……冷凍庫《れいとうこ》に肉《にく》を…
スチロールトレイごと突《つ》っ込《こ》んでる!??
「冷凍《れいとう》」って…そんなんでいいの?
まず金属製《きんぞくせい》のトレイに広《ひろ》げてしっかり凍《こお》らせてから密封《みっぷう》できる丈夫《じょうぶ》な容器《ようき》に移《うつ》したり…
ミートボール途中《とちゅう》まで作《つく》って並《なら》べて凍《こお》らせてからチャック付《つ》きの厚《あつ》いビニール袋《ぶくろ》にいれ直《なお》したり…
しなくていいんだ!
ナゾの刷《す》り込《こ》み
昔《むかし》何《なに》かで読《よ》んだのかも?
ならできる!
買《か》ってきたお肉《にく》をパックごと冷凍庫《れいとうこ》に突《つ》っ込《こ》んでみたところ…

カキーン
楽！
肉《にく》たちが静《しず》かになった！
凄《すご》いな冷凍庫《れいとうこ》って！
文明《ぶんめい》の利器《りき》だ！
これまで氷《こおり》とアイスクリーム以外《いがい》はいれたらいれっぱなしだったけど
生《い》きてるゾーン
死《し》んでるゾーン
もっと日常的《にちじょうてき》に使《つか》おう！
だいたいそもそも

大変《たいへん》すぎるんだって！
いろんな生《なま》モノ管理《かんり》して！

ありえないややこしさ！

ちーちゃんみたいに食《た》べるの大大大大《だいだいだいだい》好《す》きだったら

自然《しぜん》にあれこれ思《おも》い巡《めぐ》らして楽《たの》しく使《つか》い切《き》れるのかもしれないけど……

私《わたし》は食《た》べ物《もの》のことは作《つく》るときと食《た》べるときしか考《かんが》えてないし食事《しょくじ》とかめんどくさい

錠剤《じょうざい》や給油《きゅうゆ》ですませられるものならすませたいぐらい…

全部《ぜんぶ》ペレットならいいのに

人間用《にんげんよう》のカリカリないのかな
子供《こども》の頃《ころ》飼《か》ってたハムスターの餌《えさ》みたいなの
乾燥《かんそう》してるタイプなら賞味期限《しょうみきげん》の心配《しんぱい》もさほどいらないし……

あっ

冷凍《れいとう》
だけじゃなく
乾燥《かんそう》も
最大限《さいだいげん》
活用《かつよう》しよう
傷《いた》む食材《しょくざい》に
追《お》われない
ように！
レギュラー陣《じん》を
冷凍《れいとう》と乾燥《かんそう》で
固《かた》めておけば
賞味期限《しょうみきげん》に
ハラハラ
ソワソワ
することを
ぐっと減《へ》らせる
食材《しょくざい》をレギュラーとそれ以外《いがい》に
バキッと分《わ》けて…
レギュラーは
全員《ぜんいん》
冷凍《れいとう》または
乾燥《かんそう》
それ以外《いがい》は
全部《ぜんぶ》ゲスト
ってことで！
日々《ひび》着々《ちゃくちゃく》と使《つか》って
切《き》れそうになったら
補充《ほじゅう》
何《なに》も考《かんが》えずに
買《か》ったそばから
とにかく食《た》べ切《き》る！

私《わたし》のチームのレギュラー陣《じん》をご紹介《しょうかい》します

まず**野菜《やさい》に1《ひと》つ加《くわ》えて料理《りょうり》っぽく**するための**肉《にく》っぽいもの**のレギュラー

これらがあれば「料理《りょうり》」が作《つく》れる♪

乾燥《かんそう》

かつお節《ぶし》

しょうゆにプラスするとよい

茹《ゆ》でて醤油《しょうゆ》をかけたホウレンソウにのせたり

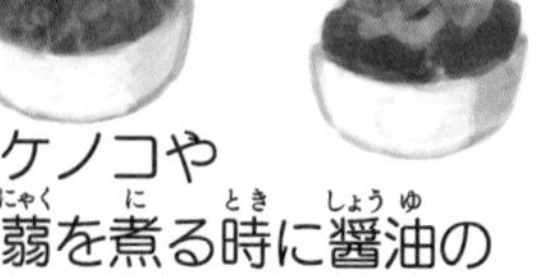

タケノコや蒟蒻《こんにゃく》を煮《に》る時《とき》に醤油《しょうゆ》の次にばさっといれたり

塩《しお》コンブ

塩《しお》やしょうゆの代《か》わりに

蒸《む》したブロッコリーにポン酢《ず》をかけてその上《うえ》にのせたり

細《ほそ》く切《き》ったニンジンに混《ま》ぜたり

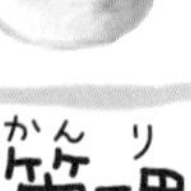

冷凍《れいとう》

ちくわ

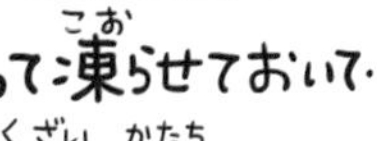

半分《はんぶん》に切《き》って凍《こお》らせておいて…

合《あ》わせる食材《しょくざい》と形《かたち》をそろえて

輪《わ》切《ぎ》りにしたり

キュウリの酢《す》の物《もの》に

細《ほそ》く切《き》ったり

切《き》り干《ぼ》し大根《だいこん》の煮浸《にびた》しに

ベーコン

ブロックをいくつかに切《き》って凍《こお》らせておいて…

薄《うす》く切《き》って野菜《やさい》と炒《いた》めたり

細《こま》かく切《き》ってチャーハンにいれたり

油《あぶら》あげ

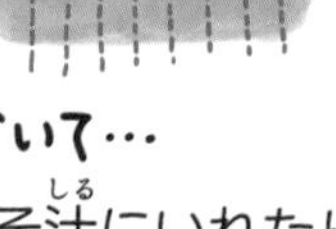

細《ほそ》く切《き》って凍《こお》らせておいて…

小松菜《こまつな》と煮《に》たりみそ汁《しる》にいれたり

面子《めんつ》が多《おお》いと管理《かんり》し切《き》れないので少数精鋭《しょうすうせいえい》で！

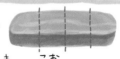

こちらが食材《しょくざい》のレギュラー

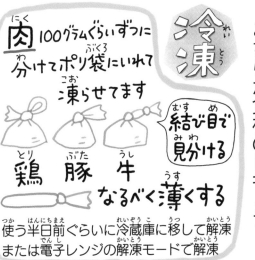

冷凍《れいとう》

肉《にく》100グラムぐらいずつに分《わ》けてポリ袋《ぶくろ》にいれて凍《こお》らせてます

結《むす》び目《め》で見分《みわ》ける

鶏《とり》　豚《ぶた》　牛《うし》

なるべく薄《うす》くする

使《つか》う半日前《はんにちまえ》ぐらいに冷蔵庫《れいぞうこ》に移《うつ》して解凍《かいとう》
または電子《でんし》レンジの解凍《かいとう》モードで解凍《かいとう》

乾燥《かんそう》

米《こめ》
よく水《みず》を吸《す》わせてから炊《た》く

海苔《のり》
ご飯《はん》と食《た》べたり味《あじ》つけに使《つか》ったり

わかめ
みそ汁《しる》や酢《す》のものに

そして調味料《ちょうみりょう》のレギュラーはこんな感《かん》じ

コショウが好《す》きでよく使《つか》うので電動《でんどう》ミルを買《か》った
楽《らく》!!

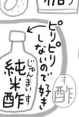

コショウ　しょうゆ　砂糖《さとう》　塩《しお》

油《あぶら》
サラダ油《あぶら》　オリーブオイル　ワインビネガー　純米酢《じゅんまいす》
ピリピリしないので好《す》き
酢《す》
サラダ用《よう》

麦《むぎ》みそ　私《わたし》が好《す》き
赤《あか》みそ　夫《おっと》が好《す》き

「料理酒《りょうりしゅ》」は塩辛《しおから》かったりするので味《あじ》つけのときに気《き》をつけてください。
私《わたし》は普通《ふつう》の日本酒《にほんしゅ》の安《やす》いのを使《つか》ってます

酒《さけ》

ソース　マヨネーズ
ケチャップはあったりなかったり

ポン酢《ず》　麺《めん》つゆ
邪道《じゃどう》な気《き》がして避《さ》けてたけど手軽《てがる》さに折《お》れて解禁《かいきん》した

みりん
みりんは…酒《さけ》と砂糖《さとう》でなんとなく代用《だいよう》できるので省略《しょうりゃく》しちゃってます

顆粒《かりゅう》だし　ブイヨンキューブ　鶏《とり》ガラスープ

これらを日々《ひび》淡々《たんたん》と使《つか》って切《き》れそうになったら補充《ほじゅう》!
…と言《い》いつつ

補充《ほじゅう》も簡単《かんたん》じゃない
何《なに》かが切《き》れかけてたんだけど……
マヨネーズかな…
マヨネーズじゃなくて醤油《しょうゆ》だった!
自分《じぶん》が「決《けっ》して思《おも》い出《だ》せない」ということは長年《ながねん》の経験《けいけん》からよーくわかっているので
「買《か》わなきゃ!」と思《おも》ったものはすぐにメモするようにしています
トイレットペーパー
わかめ むぎ茶《ちゃ》
コーヒーのミルク
卵《たまご》
しょうゆ
サイフにいれてあるメモ用紙《ようし》に書《か》き足《た》す

あとそれと
瓶詰《びんづ》めと缶詰《かんづめ》は要注意《ようちゅうい》

私《わたし》の場合《ばあい》……

瓶詰《びんづ》めは
無《な》くなるのが寂《さび》しいのか
ちょびっと残《のこ》す癖《くせ》がある

そして結局《けっきょく》ダメにしてしまう
カビが…

缶詰《かんづめ》は
長《なが》く持《も》ってるほど
開《あ》けにくくなる

せっかく長期保存《ちょうきほぞん》できるのに
今《いま》開《あ》けなくても…と思《おも》ったまま
何年《なんねん》も放置《ほうち》

魚《さかな》や野菜《やさい》と同《おな》じく
ゲスト扱《あつか》いにして
どんどん開《あ》けて
どんどん食《た》べ切《き》るように
心《こころ》がけています

第《だい》17話完《わかん》

第《だい》18話《わ》 先回《さきまわ》りして食《た》べ切《き》れ！ この野菜《やさい》はこう傷《いた》む図鑑《ずかん》

これまでにあまりにもたくさんの食材《しょくざい》をダメにしてきてしまった私《わたし》には…
本当《ほんとう》に
ごめんなさい
食材《しょくざい》の辛《つら》い未来《みらい》が視《み》える
はっ
待《ま》って！ 食《た》べます！
食《た》べます！
傷《いた》む前《まえ》に!!!
お野菜《やさい》の傷《いた》み方《かた》と私《わたし》がどうやって食《た》べてるかをご紹介《しょうかい》しますっ

水《みず》になる

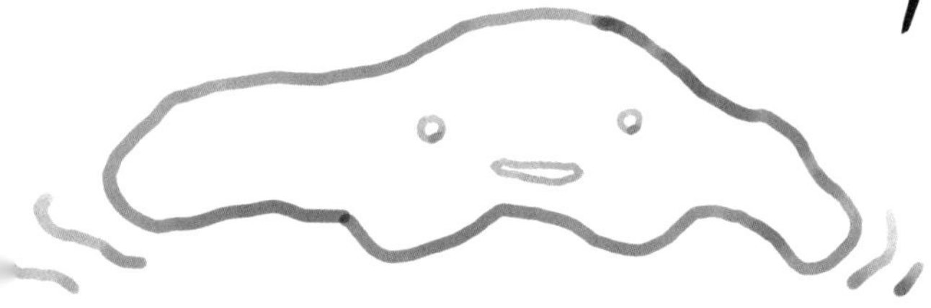

ナス

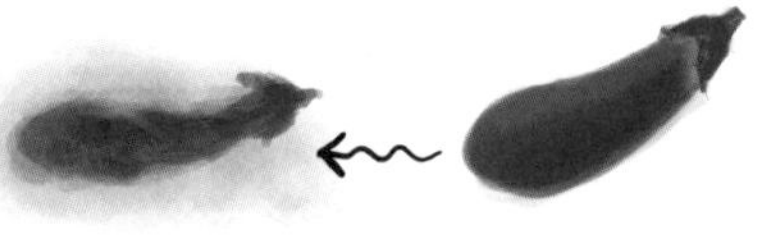

縦《たて》に切《き》って

縦《たて》割《わ》り

麻婆《まーぼー》ナスに

→118ページ

浅《あさ》く切《き》れ目《め》を
いれてから
転《ころ》がしながら
均等《きんとう》に切《き》って

乱《らん》切《ぎ》り

炒《いた》め煮《に》に

→122ページ

焼《や》きナスに

好物《こうぶつ》

オーブントースターで
丸焼《まるや》きして
30分《ぷん》ぐらい
冷《さ》めるまで放置《ほうち》

横《よこ》から見《み》ると…

縦《たて》に切《き》れ目《め》を１本《ぽん》いれて
実《み》を回転《かいてん》させながら
皮《かわ》をむいて

皮《かわ》をまな板《いた》に残《のこ》す感《かん》じで

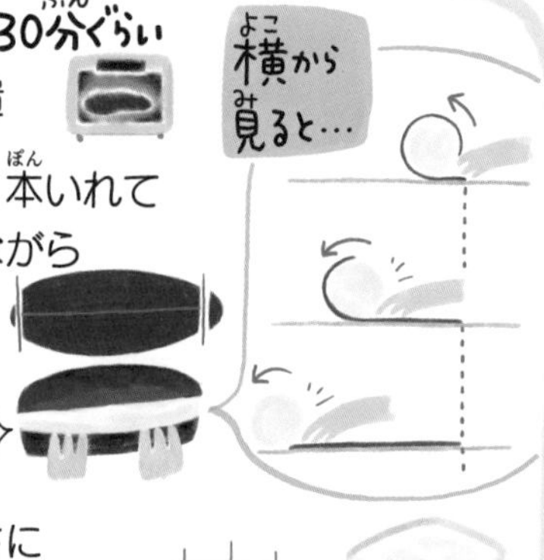

食《た》べやすい長《なが》さに
切《き》って冷蔵庫《れいぞうこ》でひやす

冷《つめ》たくして食《た》べるのが好《す》きだから

キュウリ

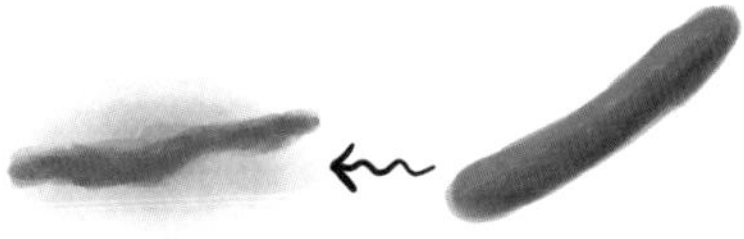

棒《ぼう》っぽく切《き》って

拍子《ひょうし》木《ぎ》切《ぎ》り

ピクルスに

→122ページ

細《ほそ》く切《き》って

サラダに

→123ページ

輪《わ》切《ぎ》り

薄《うす》く切《き》って
塩《しお》で水気《みずけ》を抜《ぬ》いて

酢《す》の物《もの》に

ちくわや
わかめと

→122ページ

キュウリを細《ほそ》く切《き》るには…

千《せん》切《ぎ》り

斜《なな》めに
薄《うす》く切《き》って…
↓
並《なら》べて
↓
細《ほそ》く切《き》る

ニンジンもこのやり方《かた》で
細《ほそ》く切《き》れます

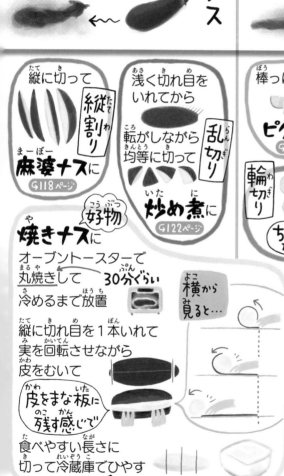

ミイラになる

ニンジン

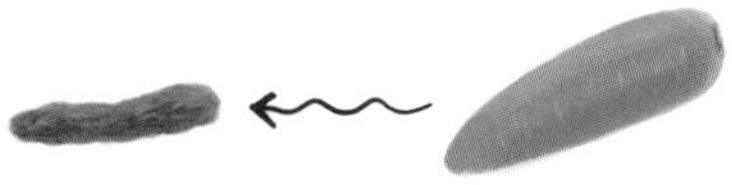

ダイコン

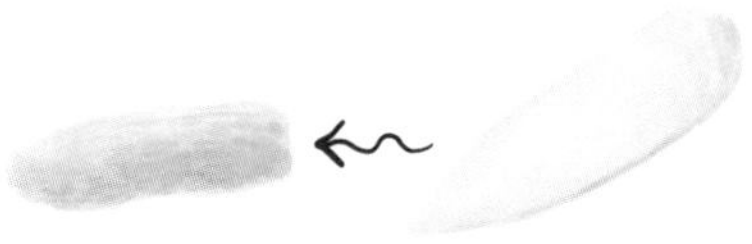

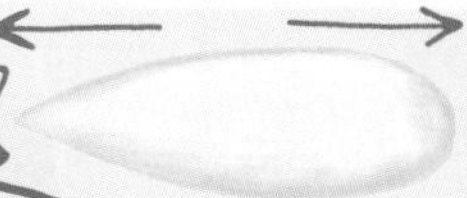

辛《から》い

辛《から》くない

薄《うす》く切《き》って

イチョウ切《ぎ》り

豚汁《とんじる》に

↪124ページ

薄《うす》く切《き》って

短《たん》冊《ざく》切《ぎ》り

油《あぶら》あげやわかめと

みそ汁《しる》に

頭《あたま》の方《ほう》の辛《から》くない部分《ぶぶん》は

大根《だいこん》おろしにしてます

ちりめんじゃこをのせたり

焼《や》き魚《ざかな》にどさっと添《そ》えたり

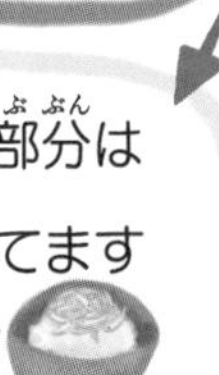

焼《や》き魚《ざかな》は魚焼《さかなや》き器《き》で焼《や》いてます

ばらして洗《あら》えるタイプの

大根《だいこん》おろしは肩凝《かたこ》りに効《き》く…ような気《き》がする

薄《うす》く切《き》って

半《はん》月《げつ》切《ぎ》り

豚汁《とんじる》に

↪124ページ

細《ほそ》～く切《き》って

千《せん》切《ぎ》り

サラダに

↪123ページ

ニンジンの千《せん》切《ぎ》りのおかず

細《ほそ》く切《き》る

↪122ページ

とても細《ほそ》く切《き》る	じっくり炒《いた》める	茹《ゆ》でて水《みず》をよく切《き》る	塩《しお》で水気《みずけ》を抜《ぬ》く
オリーブオイルと酢《す》と塩胡椒《しおこしょう》で味《あじ》つけ	卵《たまご》も一緒《いっしょ》に炒《いた》める	醤油《しょうゆ》とごま油《あぶら》で味《あじ》つけ	塩昆布《しおこんぶ》と混《ま》ぜる
キャロットラペ	にんじんしりしり	にんじんナムル	和風《わふう》
フランス風《ふう》	沖縄風《おきなわふう》	韓国風《かんこくふう》	

「キャロットラペ」と「にんじんしりしり」は
どちらもニンジンを細《ほそ》く切《き》ることでほぼ同《おな》じ意味《いみ》！

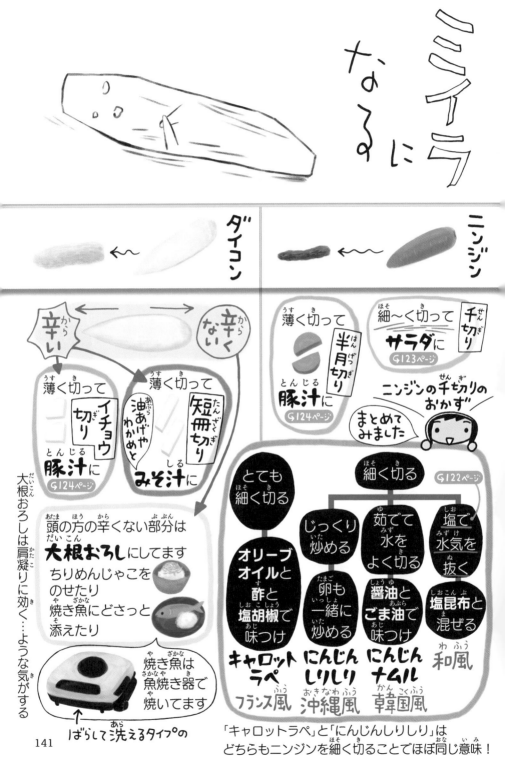

しおれる

枯《か》れる

菜《な》っぱ類《るい》

ブロッコリー

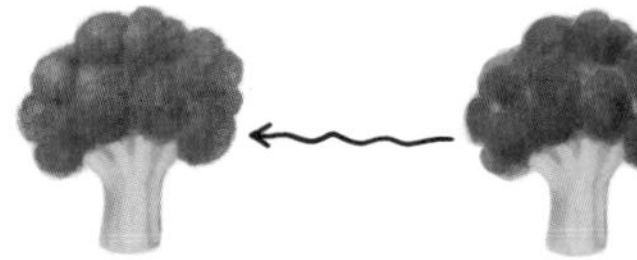

好《す》きな食《た》べ方《かた》

小松菜《こまつな》に炒《いた》め煮《に》
→122ページ
油《あぶら》あげと

チンゲンサイ 煮《に》浸《びた》し
→122ページ
ちくわと

空心菜《くうしんさい》 炒《いた》める
ベーコンと

※**ホウレンソウ おひたし**
→122ページ
かつお節《ぶし》と

水菜《みずな》 鍋《なべ》にいれる
→124ページ

お店《みせ》での状態《じょうたい》によっては買《か》った翌日《よくじつ》ぐらいにもう枯《か》れちゃうことがある

なるべく早《はや》く食《た》べる!

1株《かぶ》まとめて蒸《む》してしまえば枯《か》れないし使《つか》いやすい

分《わ》ける

大《おお》きいかたまりは茎《くき》に切《き》れ目《め》をいれてさらに分《わ》ける

太《ふと》い茎《くき》も中《なか》は柔《やわ》らかい

取《と》り除《のぞ》く

食《た》べる

サラダにいれる
→123ページ

ベーコンと **炒《いた》める**

菜《な》っぱ類《るい》の洗《あら》い方《かた》

まず溜《た》めた水《みず》でじゃぶじゃぶ

↓

ホウレンソウは根《ね》っこのギリギリで切《き》る

ココが甘味《あまみ》があって美味《おい》しいので

根元《ねもと》に十字《じゅうじ》に切《き》り込《こ》みをいれて

↓

よく見《み》ながら流水《りゅうすい》で洗《あら》って砂《すな》を落《お》とす

※ホウレンソウに含《ふく》まれる「シュウ酸《さん》」は体《からだ》によくない(摂《と》りすぎると尿路結石《にょうろけっせき》の一因《いちいん》となる)けれど、水《みず》に溶《と》けるので茹《ゆ》でて水《みず》にさらすことで減《へ》らせる

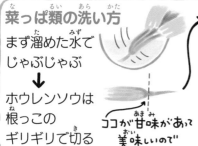

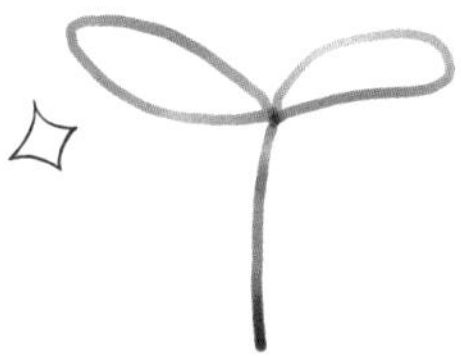

芽《め》が出《で》る

咲《さ》く

ジャガイモなど

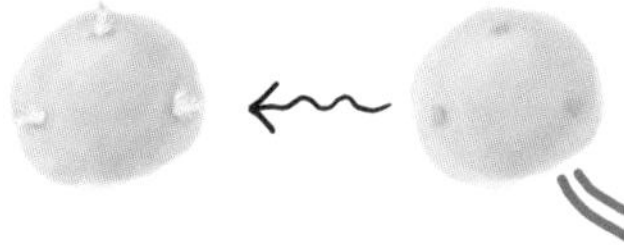

菜《な》の花《はな》

サツマイモ

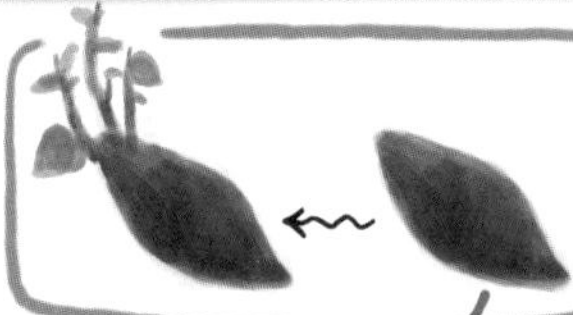

オーブントースターで丸《まる》焼《や》きに

おやつとして食《た》べたり
切《き》っておかずっぽく
食《た》べたり

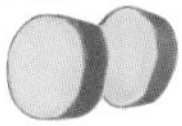

ポテトサラダ
→123ページ

みそ汁《しる》に
油《あぶら》あげやわかめと

ジャガイモの芽《め》や、緑《みどり》っぽくなった皮《かわ》や皮《かわ》付《ふ》近《きん》には毒《どく》があるので注意《ちゅうい》！

芽《め》は包丁《ほうちょう》の踵《かかと》で抉《えぐ》り取《と》る

緑《みどり》っぽいところはしっかり取《と》り除《のぞ》く

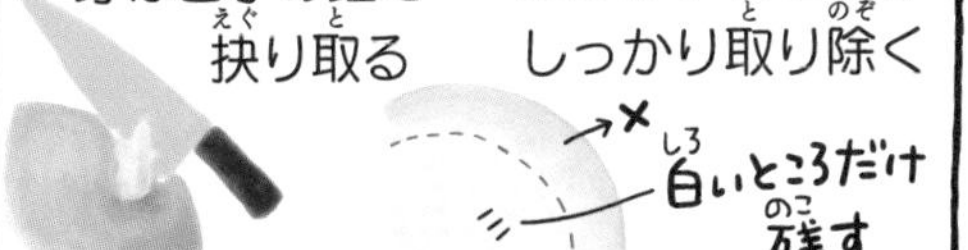

白《しろ》いところだけ残《のこ》す

暗《くら》いと緑《みどり》になりにくいので、お芋《いも》は小《ちい》さい段《だん》ボール箱《ばこ》にいれてます

咲《さ》かれてしまうと食《た》べるときに罪悪感《ざいあくかん》がある

なるべく早《はや》く食《た》べる！

辛子《からし》あえに

1. 食《た》べやすい長《なが》さに切《き》る
2. 電子《でんし》レンジにかける
3. 和辛子《わからし》を麺《めん》つゆでのばす
4. 混《ま》ぜたら完成《かんせい》

保存容器《ほぞんようき》にいれて電子《でんし》レンジにかけてから

容器《ようき》の隅《すみ》っこで和辛子《わからし》を麺《めん》つゆでのばして

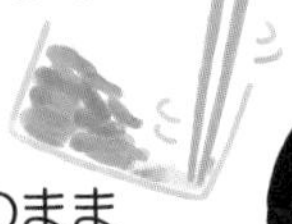

そのまま混《ま》ぜると楽《らく》

紅菜苔《こうさいたい》も好《す》き
クセがなくて美味《おい》しい

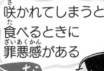

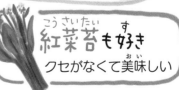

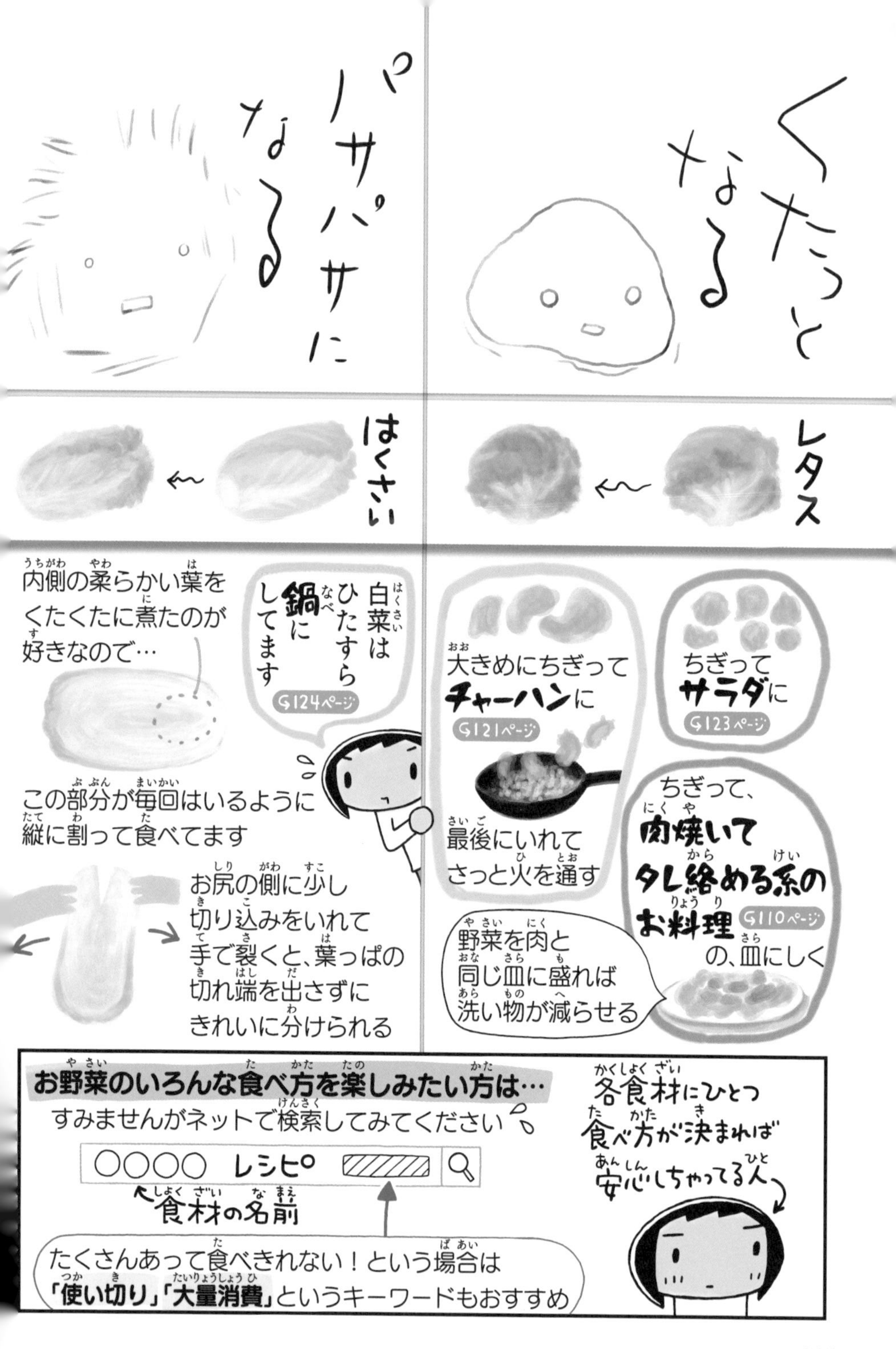

くたっとなる
パサパサになる
レタス
はくさい
ちぎってサラダに
↪123ページ
大《おお》きめにちぎってチャーハンに
↪121ページ
最後《さいご》にいれてさっと火《ひ》を通《とお》す
ちぎって、肉焼《にくや》いてタレ絡《から》める系《けい》のお料理《りょうり》
↪110ページ
の、皿《さら》にしく
野菜《やさい》を肉《にく》と同《おな》じ皿《さら》に盛《も》れば洗《あら》い物《もの》が減《へ》らせる
白菜《はくさい》はひたすら鍋《なべ》にしてます
↪124ページ
内側《うちがわ》の柔《やわ》らかい葉《は》をくたくたに煮《に》たのが好《す》きなので…
この部分《ぶぶん》が毎回《まいかい》はいるように縦《たて》に割《わ》って食《た》べてます
お尻《しり》の側《がわ》に少《すこ》し切《き》り込《こ》みをいれて手《て》で裂《さ》くと、葉《は》っぱの切《き》れ端《はし》を出《だ》さずにきれいに分《わ》けられる
お野菜《やさい》のいろんな食《た》べ方《かた》を楽《たの》しみたい方《かた》は…
すみませんがネットで検索《けんさく》してみてください
○○○○ レシピ
食材《しょくざい》の名前《なまえ》
たくさんあって食《た》べきれない！という場合《ばあい》は
「使《つか》い切《き》り」「大量消費《たいりょうしょうひ》」というキーワードもおすすめ
各食材《かくしょくざい》にひとつ食《た》べ方《かた》が決《き》まれば安心《あんしん》しちゃってる人《ひと》

意外《いがい》ともつけど
そのうち傷《いた》む

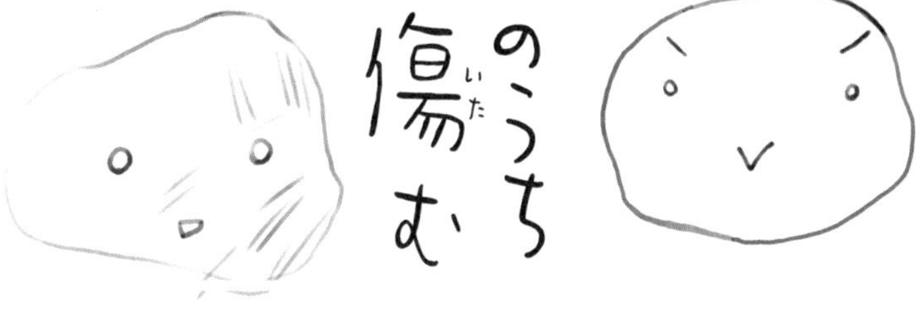

キャベツ

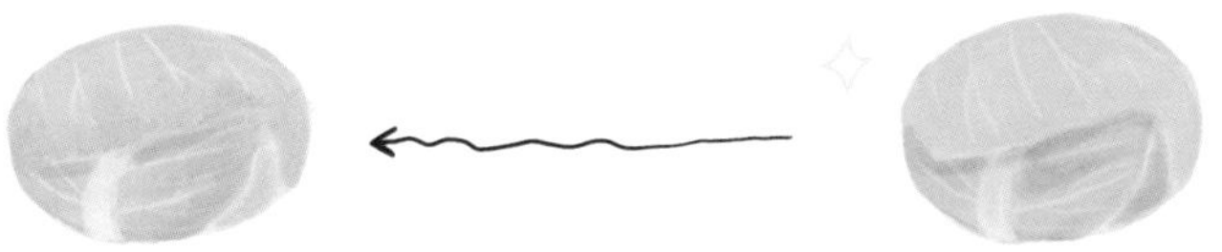

外側《そとがわ》の葉《は》は固《かた》いので…

太《ふと》い軸《じく》は
切《き》り取《と》る

→食《た》べられそうな固《かた》さなら
斜《なな》めに薄《うす》〜く切《き》って…

葉《は》は、葉脈《ようみゃく》を
断《た》つ向《む》きに
なるべく細《ほそ》〜く切《き》って…

肉《にく》焼《や》いてタレ絡《から》める系《けい》のお料理《りょうり》の 110ページ
肉《にく》を取《と》り出《だ》した後《あと》に
残《のこ》ったタレを利用《りよう》して炒《いた》めて肉《にく》に添《そ》える

細《ほそ》く切《き》って
サラダに 123ページ

焼《や》きそばや 121ページ
ちゃんぽん麺《めん》に 121ページ

細《ほそ》めに切《き》って
ベーコンと
炒《いた》める

細《ほそ》〜く切《き》って、
カップ焼《や》きそばに
湯《ゆ》をいれる前《まえ》に
隙間《すきま》にみっしり
詰《つ》め込《こ》んでおくと
お湯《ゆ》で蒸《む》されていい感《かん》じに

ぎゅぎゅっと

芯《しん》を少《すこ》しくり抜《ぬ》いて
濡《ぬ》らして固《かた》く絞《しぼ》った
キッチンペーパーを
詰《つ》め、レジ袋《ぶくろ》などで
包《つつ》んで冷蔵庫《れいぞうこ》にいれると
しおしおになりにくい

※水気《みずけ》が多《おお》すぎるとドロドロになるので注意《ちゅうい》

切《き》り口《くち》から
傷《いた》むので…

丸《まる》ごと買《か》って
外側《そとがわ》から順番《じゅんばん》に
使《つか》っています

さかさまにして
下側《したがわ》から
むいてます

軸《じく》を切《き》ってはがす

わかりやすく傷《いた》む

トマト

切《き》って…

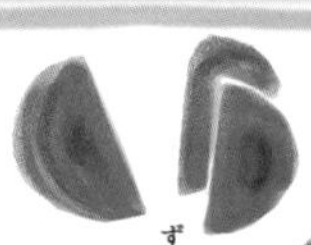

くし切《ぎ》り

青《あお》じそとポン酢《ず》をかけて食《た》べたり
サラダにのせたりする

→123ページ

2センチ角《かく》ぐらいに切《き》って…
ミートソースに使《つか》う

ざく切《ぎ》り

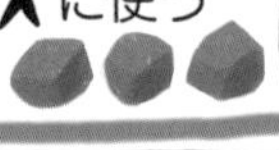

→119ページ

冷《れい》凍《とう》!

食《た》べ切《き》れないぐらいある時《とき》は
2センチ角《かく》ぐらいに切《き》って
冷凍《れいとう》しておいて…
ミートソースに使《つか》う

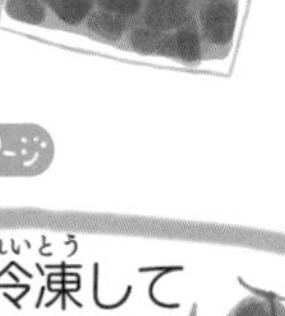

皮《かわ》が気《き》になる場合《ばあい》は
むいてから切《き》る →119ページ

プチトマトはそのまま冷凍《れいとう》して
使《つか》う時《とき》に熱湯《ねっとう》につけると
ブドウみたいにつるっと皮《かわ》がむける

※熱《あつ》いので水《みず》で冷《ひ》やしてからむいてください

じわっと傷《いた》む

ピーマンなど

固《かた》いところを取《と》り除《のぞ》いて…

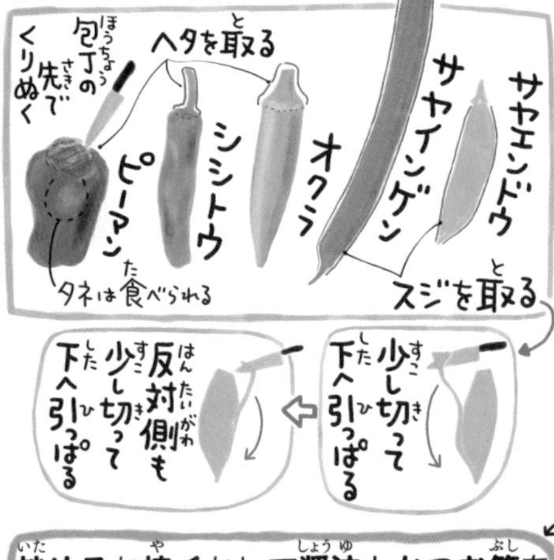

包丁《ほうちょう》の先《さき》でくりぬく
ヘタを取《と》る
ピーマン
シシトウ
オクラ
サヤインゲン
サヤエンドウ
タネは食《た》べられる
スジを取《と》る
少《すこ》し切《き》って下《した》へ引《ひ》っぱる
反対側《はんたいがわ》も少《すこ》し切《き》って下《した》へ引《ひ》っぱる

炒《いた》めるか**焼《や》く**かして**醤油《しょうゆ》**と**かつお節《ぶし》**を
かけとけば料理《りょうり》っぽくなる
炒《いた》め煮《に》・焼《や》き浸《びた》し →122ページ

ちぎった海苔《のり》をかけたりもしてます

ピーマンは**丸焼《まるや》き**でも食《た》べられる
↖オーブントースターで

四角豆《しかくまめ》(うりずん豆《まめ》)も好《す》き
食感《しょっかん》がポリポリして面白《おもしろ》い
断面《だんめん》がかわいい

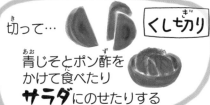

こっそり傷《いた》んでる

ゴボウ

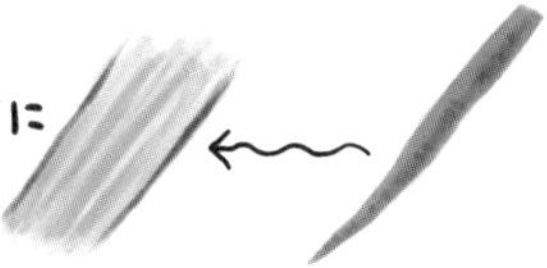

中《なか》がかっすかすになってる

タマネギ

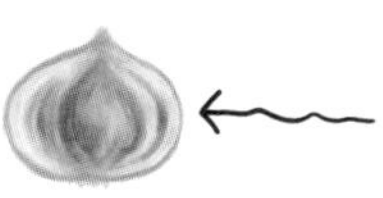

中《なか》がどろどろになってる

斜《なな》めに薄《うす》く切《き》って**豚汁《とんじる》**にいれる

斜《なな》め薄《うす》切《ぎ》り

124ページ

きんぴらにする 122ページ

食《た》べやすく切《き》る

水《みず》にさっと浸《ひた》してザルで水《みず》を切《き》る

好《この》みの固《かた》さになるまで炒《いた》める

味《あじ》つけしたら完成《かんせい》

好《この》みの食感《しょっかん》になる切《き》り方《かた》で

回《まわ》しながら削《けず》る　ささがき

千《せん》切《ぎ》り

千六本《せんろっぽん》

柔《やわ》らかめ ↔ 歯応《はごた》えしっかり

酒《さけ》、砂《さ》糖《とう》、しょうゆの順《じゅん》で

土《つち》を落《お》とすのが面倒《めんどう》なら「洗《あら》いごぼう」を買《か》えば解決《かいけつ》

カレーにいれる

2回《かい》に分《わ》けていれてます

細《こま》かく切《き》ってしつこく炒《いた》める

みじん切《ぎ》りで

具材《ぐざい》としてもいれる

くし切《ぎ》りで

細《こま》かく切《き》って**ミートソース**に

119ページ

薄《うす》～く切《き》って**生《なま》で**食《た》べる

繊維《せんい》を断《た》つ向《む》きに切《き》る

水《みず》に浸《ひた》して

絞《しぼ》って

しょうゆとかつお節《ぶし》をかける

※ちょっと辛《から》いです

食《た》べ切《き》れないぐらいある時《とき》は…

細《こま》かく刻《きざ》んで冷凍《れいとう》しておいて**ミートソース**か**カレー**に使《つか》う

冷凍《れいとう》！

電子《でんし》レンジで加熱《かねつ》してカサを減《へ》らして冷凍《れいとう》すれば場所《ばしょ》を取《と》らない

繊細《せんさい》そうな
見《み》た目《め》どおり
繊《せん》細《さい》

エノキダケ

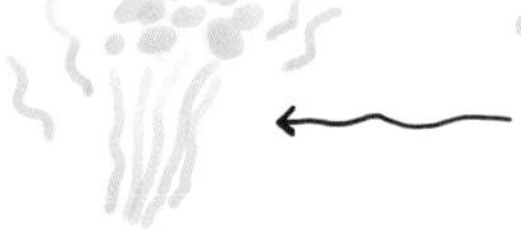

買《か》ってきたらすぐに **電子《でんし》レンジ** にかける

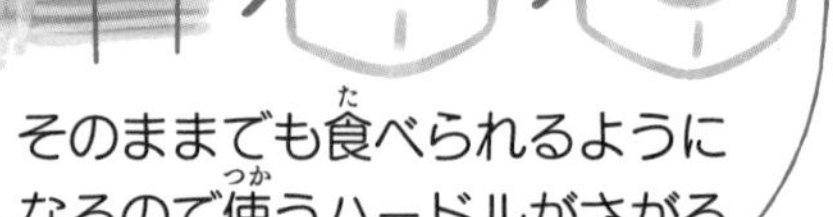

めっちゃしぼむ

そのままでも食《た》べられるように
なるので使《つか》うハードルがさがる

梅《うめ》ペーストを
混《ま》ぜて
食《た》べたり

←梅《うめ》ペーストはキュウリや
そうめんにもあう

油《あぶら》あげや
わかめと
みそ汁《しる》に
いれたり

モヤシも同様《どうよう》に
電子《でんし》レンジにかけちゃってます

醤油《しょうゆ》を
かけて
食《た》べたり

焼《や》きそばや
↪121ページ
ちゃんぽん麺《めん》に
↪121ページ
ばさっといれたり

しっかり
してそうで
意《い》外《がい》とすぐ
へたる

シイタケなど

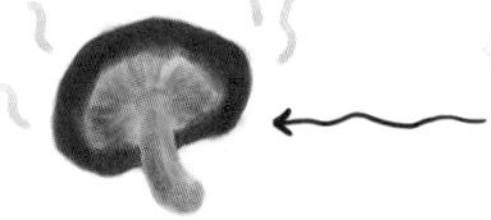

買《か》ってきたらすぐに

時間《じかん》を
かせぐ!

食《た》べやすい大《おお》きさに切《き》って
ポリ袋《ぶくろ》に密封《みっぷう》して**冷凍庫《れいとうこ》**へ

シイタケも **シメジ**も **エリンギ**も **マイタケ**も

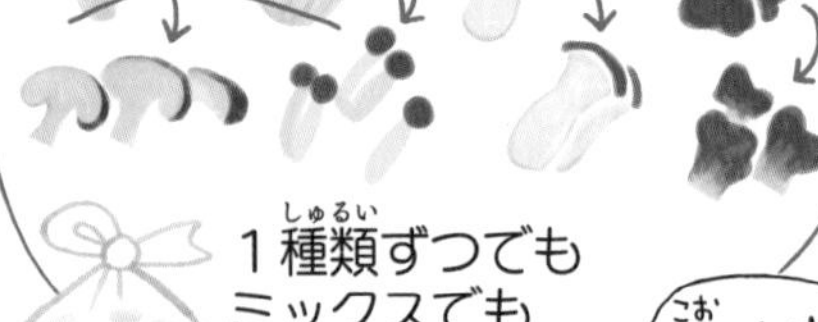

1種類《しゅるい》ずつでも
ミックスでも

鍋《なべ》や**豚汁《とんじる》**に
↪124ページ いれる

凍《こお》ったまま
いれちゃって
OK《オーケー》

開《あ》けたり閉《し》めたりしそうな
ポリ袋《ぶくろ》は…
口《くち》をぎゅぎゅぎゅぎゅと
固《かた》くねじってから
緩《ゆる》めに結《むす》んでおくと
するっと開《あ》けられる

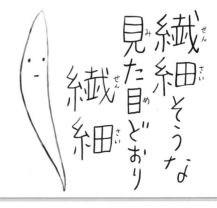

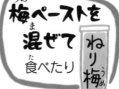

強《つよ》そうに見《み》えて弱《じゃく》点《てん》がある

ゴーヤ

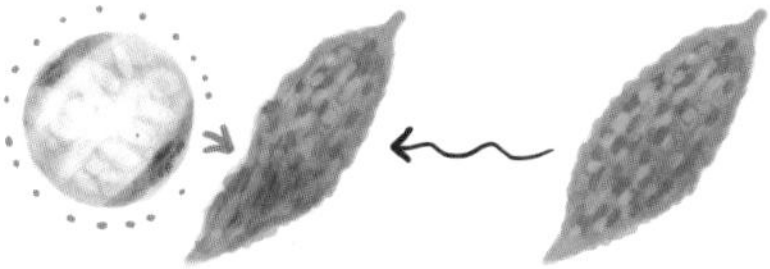

カボチャ

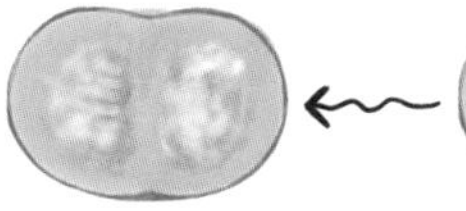

買《か》ってきたらすぐに　種《たね》とワタを取《と》り除《のぞ》いて冷蔵庫《れいぞうこ》へ

カビやすい!

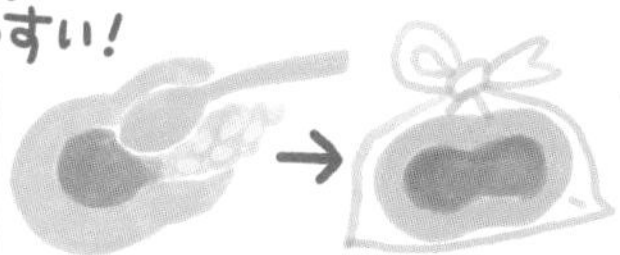

時間《じかん》をかせぐ!

ゴーヤ

ゴーヤを薄《うす》く切《き》ってさっと茹《ゆ》でる

薄《うす》く切《き》って
→122ページ
塩《しお》で水気《みずけ》を抜《ぬ》いて
生《なま》で食《た》べる

しょうゆとかつお節《ぶし》をかけて

※ちょっと苦《にが》いです

フライパンで豚肉《ぶたにく》を焼《や》く

茹《ゆ》でたゴーヤを加《くわ》える

ゴーヤチャンプルーに

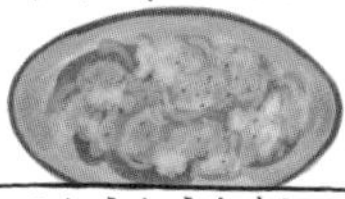

溶《と》き卵《たまご》を加《くわ》える

塩《しお》、胡椒《こしょう》、醤油《しょうゆ》少《すこ》しで
味《あじ》つけして
かつお節《ぶし》をかける

カボチャ

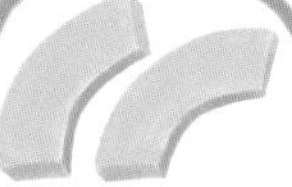

薄《うす》く切《き》って
焼《や》き浸《びた》しに
→122ページ

蒸《む》して食《た》べる
→114ページ

塩《しお》をかけて

皮《かわ》は固《かた》いので
少《すこ》しむいてます

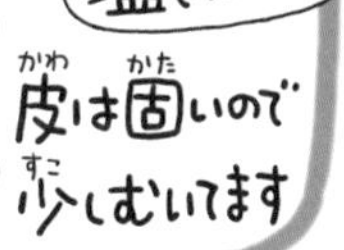

カボチャは固《かた》いので
包丁《ほうちょう》をしっかり持《も》って!

ぐっと握《にぎ》り込《こ》むように短《みじか》く持《も》って
人差《ひとさ》し指《ゆび》と親指《おやゆび》で
がしっと掴《つか》む

電子《でんし》レンジにかけると
切《き》りやすくなります

2分《ふん》ぐらい

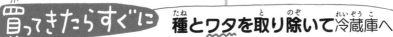

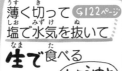

なんかすぐしわしわになってる

トウモロコシ

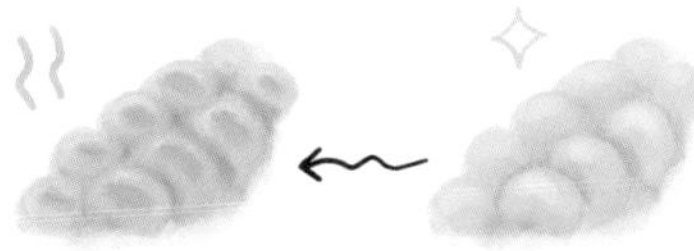

買《か》ったらなるべくその日《ひ》のうちに…

茹《ゆ》でる!

→ **おやつ**として食《た》べる

粒《つぶ》を外《はず》して保存容器《ほぞんようき》に

→ **サラダ**や 123ページ

ちゃんぽん麺《めん》に 121ページ いれる

茹《ゆ》でた後《あと》でシワシワにならない方法《ほうほう》を探《さが》し中《ちゅう》です

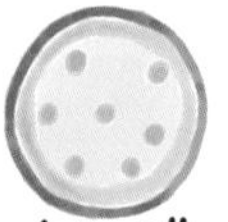

イメージ

水《みず》が逃《に》げない状態《じょうたい》でゆっくり冷《さ》ますのがいいのでは…と思《おも》う

皮《かわ》つきが手《て》に入《はい》ったら皮《かわ》ごと電子《でんし》レンジに（1本あたり6〜7分《ふん》）→冷《さ》めるまで放置《ほうち》

今《いま》のところこれが一番簡単《いちばんかんたん》っぽい

絶《ぜっ》対《たい》掃《そう》除《じ》できないよ

という場《ば》所《しょ》が汚《よご》れる

レンコン

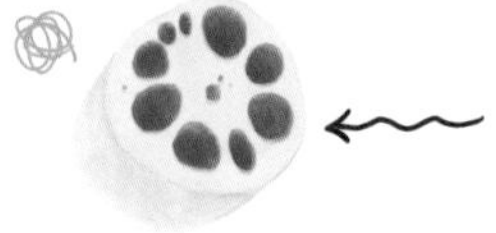

買《か》ったらなるべくその日《ひ》のうちに…

食《た》べる!

きんぴらに 122ページ して食《た》べる

半月《はんげつ》切《ぎ》り

和《わ》食《しょく》っぽい

さっと

焼《や》いて食《た》べる

輪《わ》切《ぎ》り

かわいい

じっくり

蒸《む》して食《た》べる

乱《らん》切《ぎ》り

おもしろい

ゆっくり

シャキシャキ ↔ ほくほく

切《き》り方《かた》や加熱時間《かねつじかん》で見《み》た目《め》や歯《は》ごたえが変《か》わる

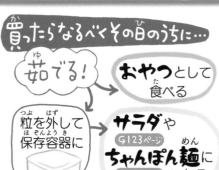

絶対《ぜったい》食《た》べきれないよ～という量《りょう》で売《う》ってる

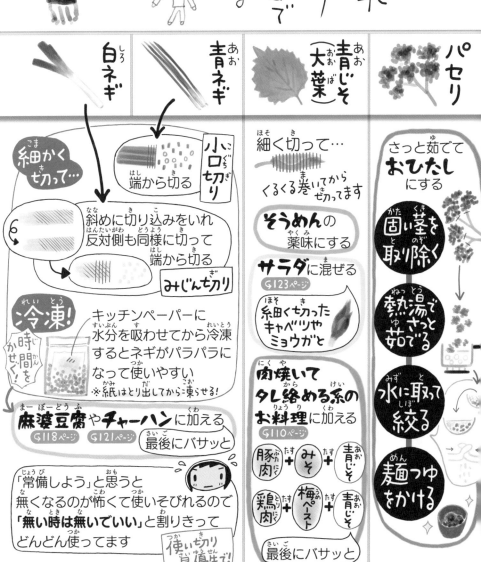

白《しろ》ネギ

青《あお》ネギ

細《こま》かく切《き》って…

小口切《こぐちぎ》り
端《はし》から切《き》る

みじん切《ぎ》り
斜《なな》めに切《き》り込《こ》みをいれ
反対側《はんたいがわ》も同様《どうよう》に切《き》って
端《はし》から切《き》る

冷凍《れいとう》!
時間《じかん》をかせぐ!
キッチンペーパーに
水分《すいぶん》を吸《す》わせてから冷凍《れいとう》
するとネギがパラパラに
なって使《つか》いやすい
※紙《かみ》はとり出《だ》してから凍《こお》らせる!

麻婆豆腐《まーぼーどうふ》や**チャーハン**に加《くわ》える
☞118ページ
☞121ページ
最後《さいご》にバサッと

「常備《じょうび》しよう」と思《おも》うと
無《な》くなるのが怖《こわ》くて使《つか》いそびれるので
「無《な》い時《とき》は無《な》いでいい」と割《わ》りきって
どんどん使《つか》ってます

使《つか》い切《き》り最優先《さいゆうせん》で!

青《あお》じそ（大葉《おおば》）

細《ほそ》く切《き》って…
くるくる巻《ま》いてから切《き》ってます

そうめんの薬味《やくみ》にする

サラダに混《ま》ぜる
☞123ページ
細《ほそ》く切《き》ったキャベツやミョウガと

肉焼《にくや》いてタレ絡《から》める系《けい》のお料理《りょうり》に加《くわ》える
☞110ページ
豚肉《ぶたにく》 +《たす》 みそ +《たす》 青《あお》じそ
鶏肉《とりにく》 +《たす》 梅《うめ》ペースト +《たす》 青《あお》じそ
最後《さいご》にバサッと

パセリ

さっと茹《ゆ》でて
おひたし
にする

固《かた》い茎《くき》を取《と》り除《のぞ》く
熱湯《ねっとう》でさっと茹《ゆ》でる
水《みず》に取《と》って絞《しぼ》る
麺《めん》つゆをかける

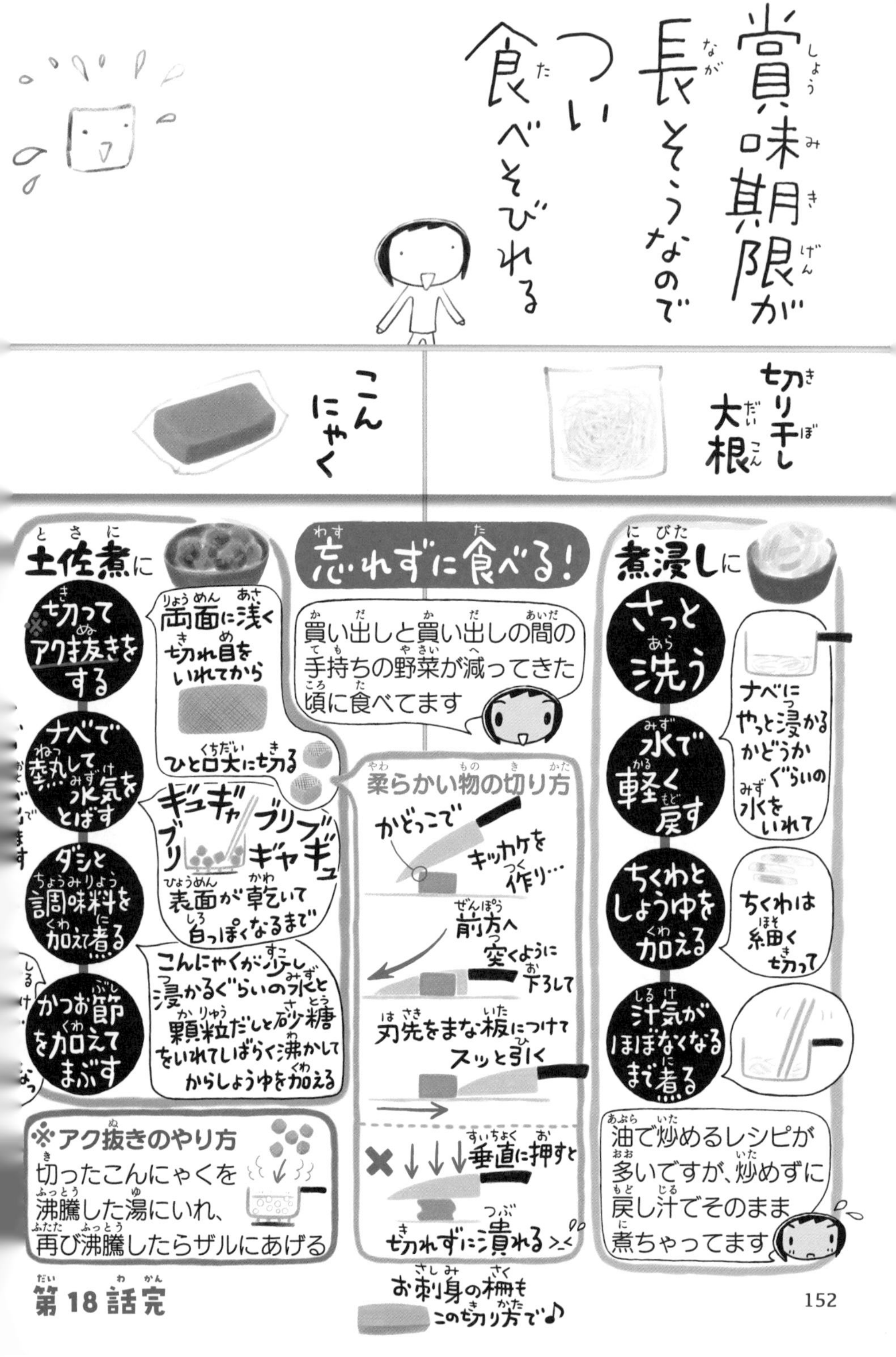

賞《しょう》味《み》期《き》限《げん》が長《なが》そうなので
つい
食《た》べそびれる
切《き》り干《ぼ》し大根《だいこん》
こんにゃく
忘《わす》れずに食《た》べる!
買《か》い出《だ》しと買《か》い出《だ》しの間《あいだ》の手持《ても》ちの野菜《やさい》が減《へ》ってきた頃《ころ》に食《た》べてます
土佐煮《とさに》に
※切《き》ってアク抜《ぬ》きをする
両面《りょうめん》に浅《あさ》く切《き》れ目《め》をいれてから
ひと口大《くちだい》に切《き》る
ナベで熱《ねっ》して水気《みずけ》をとばす
ギュギャ ブリ ブリブ ギャギュ
表面《ひょうめん》が乾《かわ》いて白《しろ》っぽくなるまで
ダシと調味料《ちょうみりょう》を加《くわ》えて煮《に》る
こんにゃくが少《すこ》し浸《つ》かるぐらいの水《みず》と顆粒《かりゅう》だしと砂糖《さとう》をいれてしばらく沸《わ》かしてからしょうゆを加《くわ》える
かつお節《ぶし》を加《くわ》えてまぶす
※アク抜《ぬ》きのやり方
切《き》ったこんにゃくを沸騰《ふっとう》した湯《ゆ》にいれ、再《ふたた》び沸騰《ふっとう》したらザルにあげる
柔《やわ》らかい物《もの》の切《き》り方《かた》
かどっこで
キッカケを作《つく》り…
前方《ぜんぽう》へ突《つ》くように下《お》ろして
刃先《はさき》をまな板《いた》につけてスッと引《ひ》く
×垂直《すいちょく》に押《お》すと
切《き》れずに潰《つぶ》れる >_<
お刺身《さしみ》の柵《さく》もこの切《き》り方《かた》で♪
煮浸《にびた》しに
さっと洗《あら》う
水《みず》で軽《かる》く戻《もど》す
ナベにやっと浸《つ》かるかどうかぐらいの水《みず》をいれて
ちくわとしょうゆを加《くわ》える
ちくわは細《ほそ》く切《き》って
汁気《しるけ》がほぼなくなるまで煮《に》る
油《あぶら》で炒《いた》めるレシピが多《おお》いですが、炒《いた》めずに戻《もど》し汁《じる》でそのまま煮《に》ちゃってます
第《だい》18話《わ》完《かん》

私《わたし》の主《おも》なお品《しな》書《か》きまとめ

大《おお》きいおかず

略式麻婆豆腐《りゃくしきまーぼーどうふ》 →118ページ

肉《にく》焼《や》いてタレ絡《から》める系《けい》のお料理《りょうり》 →110ページ

略式麻婆《りゃくしきまーぼー》ナス →118ページ

肉《にく》焼《や》いてタレ絡《から》める系《けい》のお料理《りょうり》＋《たす》野菜《やさい》 →127ページ

煮魚《にざかな》

焼《や》き魚《ざかな》

小《ちい》さいおかず

野菜《やさい》のシンプルなお料理《りょうり》 →122ページ

サラダ →123ページ

ポテトサラダ →123ページ

ご飯《はん》もの

チャーハン →121ページ

タケノコご飯《はん》 →120ページ

アサリご飯《はん》 →120ページ

カレーライス

麺類《めんるい》

焼《や》きそば →121ページ

ちゃんぽん麺《めん》 →121ページ

ミートソーススパゲッティ →119ページ

うどん

ラーメン

そうめん

汁《しる》もの

みそ汁《しる》

豚汁《とんじる》 →124ページ

シンプルな鍋《なべ》 →124ページ

その他《た》

安《やす》かったとか気《き》が向《む》いたとかで買《か》ってきた何《なに》か

食《しょく》に興《きょう》味《み》が持《も》てない私《わたし》の

必《ひっ》要《よう》十《じゅう》分《ぶん》料《りょう》理《り》の回《まわ》し方《かた》

まとめ

やること

できるだけバランスよく入《にゅう》手《しゅ》して

→

どんな手《て》使《つか》っても食《た》べ切《き》る！

やらなくていいこと

「レパートリー」は増《ふ》やさなくていい

マンネリ上《じょう》等《とう》！

調《ちょう》理《り》法《ほう》や味《あじ》つけを変《か》えるより食《しょく》材《ざい》をチェンジする方《ほう》がバランスがよくなる

複《ふく》雑《ざつ》な調《ちょう》理《り》はしなくていい

揚《あ》げない こねない 包《つつ》まない！

手《て》間《ま》ヒマに栄《えい》養《よう》ナシ

究《きゅう》極《きょく》の美味《おい》しさは追《お》い求《もと》めなくていい

目《め》指《ざ》すは不味《まず》くなく！

私《わたし》が邪《じゃ》魔《ま》しなければ食《しょく》材《ざい》は美味《おい》しい

食《しょく》は自然《しぜん》との競争《きょうそう》だ

文明《ぶんめい》の利器《りき》で時間《じかん》を稼《かせ》ぎつつナマモノを捌《さば》き切れ！

乾燥《かんそう》 冷凍《れいとう》

レギュラー陣《じん》

切《き》れたら補充《ほじゅう》！

ゲスト

とにかく食《た》べ切《き》る！

Q《キュー》 増殖《ぞうしょく》し続《つづ》けるレシピとうまくつき合《あ》うには？

A《エー》 モードをチェンジしつつ臨《のぞ》め！

学習《がくしゅう》モード

プロの詳《くわ》しいレシピをよく読《よ》んで素直《すなお》にレシピ通《どお》りに作《つく》ってみる

すべての手順《てじゅん》にちゃんと意味《いみ》がある

実戦《じっせん》モード

目《め》の前《まえ》の食材《しょくざい》を"不味《まず》くなく"食《た》べ切《き》ること最優先《さいゆうせん》で

[食材名《しょくざいめい》]レシピで検索《けんさく》したら…

食感《しょっかん》の不味《まず》さを防《ふせ》ぐために…

作《つく》り方《かた》を見《み》る

組《く》み合《あ》わせの不味《まず》さを防《ふせ》ぐために…

材料《ざいりょう》を見《み》る

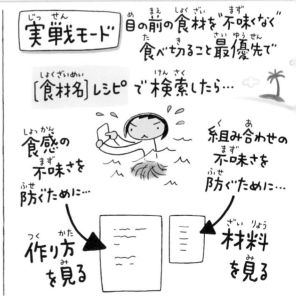

買《か》ってよかった道具《どうぐ》たち

鉄《てつ》のフライパン

私《わたし》は以前《いぜん》…
アブラは
1滴《てき》も
使《つか》わない方《ほう》がいいと思《おも》い込《こ》んでいたので
表面《ひょうめん》がコートされたフライパンを使《つか》っていました

……が

いつもすぐに傷《きず》をつけてしまって…
私《わたし》の使《つか》い方《かた》が下手《へた》だから傷《きず》がついてしまうのか…ケチって安《やす》い方《ほう》にしたのがいけなかったのかも…次《つぎ》はもっと高《たか》いのを買《か》うべき？…でも高《たか》いの買《か》ってすぐダメになっても馬鹿馬鹿《ばかばか》しいし……あぁ…傷《きず》が広《ひろ》がって全体《ぜんたい》が傷《きず》だらけに……もう買《か》い替《か》える？まだいける？…すぐ焦《こ》げつくしもう限界《げんかい》かも…次《つぎ》はもう少《すこ》し高《たか》いのを…でも高《たか》いのが長持《ながも》ちするとは限《かぎ》らないよね…

買《か》ってから捨《す》てるまでの間《あいだ》ほぼずっと悩《なや》んだり迷《まよ》ったり

ある時《とき》お店《みせ》で
鉄《てつ》のフライパンが展示《てんじ》されていました

スタッフの方《かた》の10年《ねん》以上《いじょう》使《つか》いこまれた私物《しぶつ》
ツヤツヤ

そんなに長《なが》く使《つか》えるならと思《おも》いきって同《おな》じメーカーの

型《かた》違《ちが》いを買《か》ってみたところ…
大《だい》正《せい》解《かい》！
29センチ
中華《ちゅうか》鍋《なべ》のように底《そこ》が丸《まる》くなっているタイプ
とにかく丈夫《じょうぶ》！
こすってもこすっても鉄《てつ》！
スチールウールでゴシゴシ
心配《しんぱい》していた「お手《て》入《い》れ」もそんなに難《むずか》しくない
洗剤《せんざい》は使《つか》わずにがーっとこすって
水《みず》で流《なが》して
火《ひ》にかけて乾《かわ》かしつつ
キッチンペーパーで油《あぶら》塗《ぬ》って完了《かんりょう》
気《き》をつけてるのは濡《ぬ》れたまま放置《ほうち》しないことだけ
もう今日《きょう》はしんどい…あした洗《あら》おう
水気《みずけ》さえなければ汚《よご》れたまま放置《ほうち》は大丈夫《だいじょうぶ》
かれこれ十数年《じゅうすうねん》使《つか》ってますがびくともしてなくてこのままずっと使《つか》えそうな感《かん》じ
長年《ながねん》のストレスから解放《かいほう》されました♪
前《まえ》は使《つか》うたびに辛《つら》かったけど今《いま》は使《つか》うたびに嬉《うれ》しい

手《て》の延《えん》長《ちょう》として使《つか》う道《どう》具《ぐ》

シリコンスプーン
10年《ねん》ぐらい前《まえ》——
友人《ゆうじん》に薦《すす》められて
使《つか》いやすいよ！
オレも持《も》ってる
中学《ちゅうがく》の同級会《どうきゅうかい》にて
買《か》ってみたら…
便利《べんり》！
調理《ちょうり》にも使《つか》えるし
料理《りょうり》をよそうのにも使《つか》える
約《やく》26センチ
端《はし》が柔《やわ》らかいので
お玉《たま》より使《つか》いやすくて
重宝《ちょうほう》しています
お豆腐《とうふ》も壊《こわ》れない
トング
以前《いぜん》近所《きんじょ》のスーパーの
キャンペーンで
チラシに載《の》ってて…
シールを集《あつ》めると
2割引《わりび》きで買《か》える
使《つか》わんと思《おも》うけど…まあついでに
となんとなく買《か》ってみたら
22センチ
めちゃ使《つか》う！
トングがないと難《むずか》しい作業《さぎょう》が
案外《あんがい》多《おお》い
サラダを混《ま》ぜる
蒸《む》した芋《いも》を取《と》り出《だ》す
熱《あつ》いジャガイモの皮《かわ》をむく
パスタを多《おお》めに茹《ゆ》でたときに
オリーブオイルをまぶして
くっつかなくしておく
魚《さかな》のうろこ取《と》り
包丁《ほうちょう》の背《せ》で擦《こす》ったりも
してたけど…
取《と》りにくいし
飛《と》び散《ち》ってしまう
昔《むかし》ながらの
うろこ取《と》りを
買《か》ってみたら…
さすが専用《せんよう》！
力《ちから》を入《い》れずに
取《と》れるし
飛《と》び散《ち》らない
主《おも》に
タイのアラを
焼《や》くときに
使《つか》ってます
好物《こうぶつ》
ウロコが少《すこ》し残《のこ》ってたりする

"切《き》る"ために使《つか》う道具《どうぐ》

砥《と》石《いし》の砥《と》石《いし》
包丁《ほうちょう》を研《と》ぐ手軽《てがる》な道具《どうぐ》をあれこれ使《つか》ってみたけれど…
どれも使《つか》ってるうちに研《と》げなくなる…ので
けっきょく砥《と》石《いし》を買《か》った
これでずっと使《つか》える！
……と思《おも》ったのですが
使《つか》っているうちに目詰《めづ》まりしたりすり減《へ》って凸凹《でこぼこ》になったり…
刃物屋《はものや》さんに教《おし》えていただいて砥《と》石《いし》の砥《と》石《いし》を買《か》って砥《と》石《いし》を復活《ふっかつ》させました
修正《しゅうせい》砥《と》石《いし》
砥石《といし》の面《めん》を平《たい》らに直《なお》せる！
「捨《す》てる」ことがとにかく苦手《にがて》なので半永久的《はんえいきゅうてき》に使《つか》えそうな道具《どうぐ》に安《やす》らぎを感《かん》じます
包丁《ほうちょう》を押《お》さえつけすぎ！よく濡《ぬ》らして軽《かる》く滑《すべ》らせるように研《と》ぐとよいとのこと
キッチンバサミ
海苔《のり》を切《き》ったりピザを切《き》ったりしてます
分解《ぶんかい》して洗《あら》えるタイプが便利《べんり》！
チャック付《つ》きの袋《ふくろ》の口《くち》を開《あ》けるのにも使《つか》ってます
いーっ
包丁《ほうちょう》の先《さき》で切《き》れ目《め》をいれてハサミをさしこんで
手前《てまえ》の1枚《まい》だけを切《き》ると…
チャック
開《あ》けやすい
チャック

“いれておく”ために使《つか》う道具《どうぐ》

大《おお》〜きなザルとボウル

うんっっと大《おお》きいザルとボウルのセットを買《か》ってみたら…作業《さぎょう》がすごく楽《らく》になった♪

27センチ

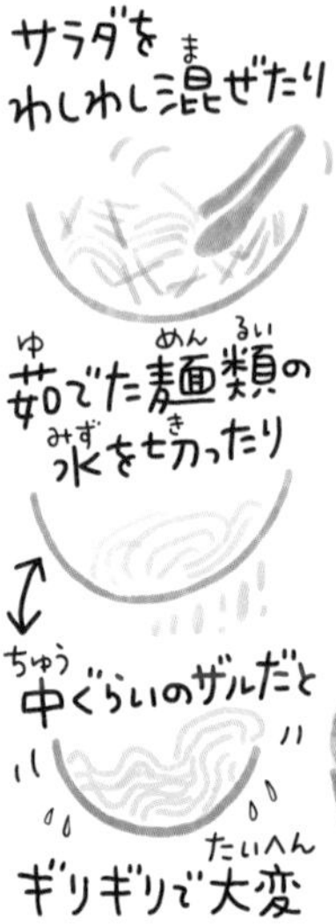
サラダをわしわし混《ま》ぜたり
茹《ゆ》でた麺類《めんるい》の水《みず》を切《き》ったり
中《ちゅう》ぐらいのザルだと
ギリギリで大変《たいへん》

他《ほか》には小《ちい》さいボウルと中《ちゅう》ぐらいのボウルと…

16.5センチ
米《こめ》を洗《あら》う、卵《たまご》を溶《と》く
23センチ
ポテトサラダを混《ま》ぜる

100円《えん》ショップで買《か》ったステンレスのお皿《さら》も使《つか》っています

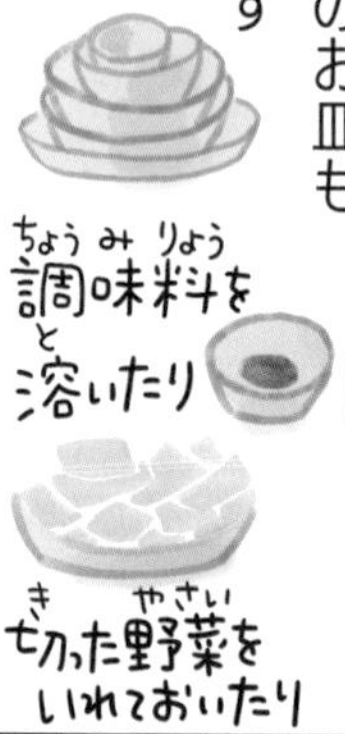
アウトドアコーナーにあった
調味料《ちょうみりょう》を溶《と》いたり
切《き》った野菜《やさい》をいれておいたり

保《ほ》存《ぞん》容《よう》器《き》

いろんな大《おお》きさの保存容器《ほぞんようき》を買《か》ってみたら…

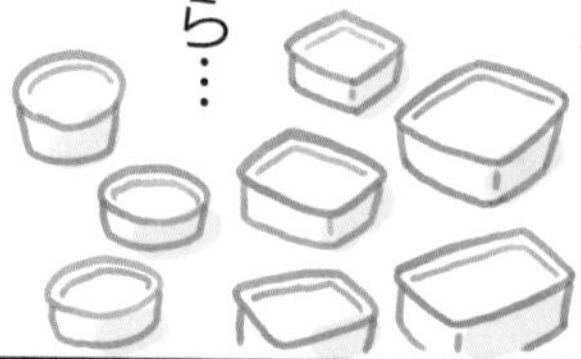

合《あ》うフタを探《さが》すのが毎回毎回《まいかいまいかい》大変《たいへん》だった

うっ

今《いま》は2種類《しゅるい》だけにしています

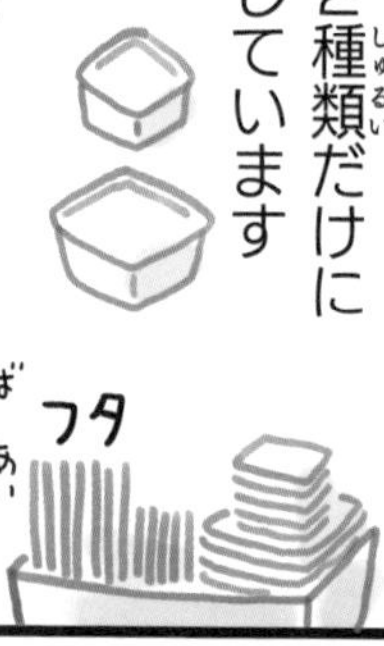
フタ
入《はい》りきらない場合《ばあい》は2コ使《つか》う

小《ちい》〜さなポリ袋《ぶくろ》

「三角《さんかく》コーナー」がずーっと使《つか》いこなせなかった…

捨《す》てるタイミングがわからない

生《なま》ゴミはそのつど小《ちい》さなポリ袋《ぶくろ》にいれて口《くち》を縛《しば》って

15センチ

100均《ひゃっきん》で買《か》った袋《ふくろ》ロールタイプの袋

蓋付《ふたつ》きのゴミ箱《ばこ》の大《おお》きな袋《ふくろ》の中《なか》に捨《す》てることにしました

ちーちゃんの片《かた》づけ術《じゅつ》
料理《りょうり》を始《はじ》める
前《まえ》に
片《かた》づけるよ
前《まえ》に!?
「調理台《ちょうりだい》の上《うえ》も
流《なが》しの中《なか》も
水切《みずき》りかごの中《なか》も
何《なに》もない状態《じょうたい》で
料理《りょうり》を始《はじ》めて
ボウルもお鍋《なべ》も
使《つか》ったそばから
すぐに
どんどん洗《あら》えば
調理中《ちょうりちゅう》も調理後《ちょうりご》も
ずっとキレイ」
…とのこと

水切《みずき》りかごと私《わたし》
ちーちゃんは
「いつも空《から》にしておく」
と言《い》ってたけど…
私《わたし》は…
かごがあったら
いれちゃう
もう……
撤去《てっきょ》だっ!
かごを使《つか》うのは諦《あきら》めて
洗《あら》ったお皿《さら》はすぐに
拭《ふ》いて仕舞《しま》うことに
しました
乾《かわ》いたかどうか
気《き》にするより
拭《ふ》いちゃった方《ほう》が
めんどくさくない

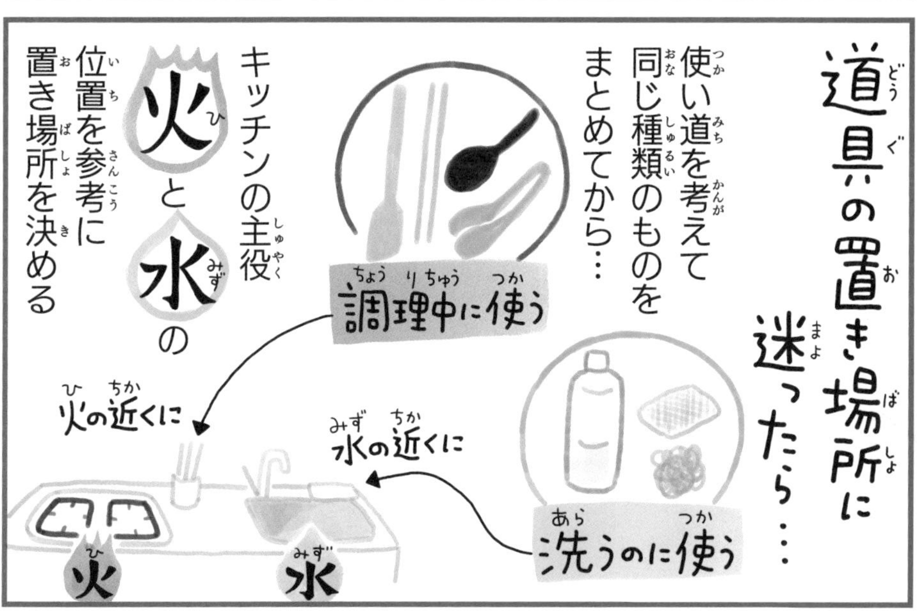
道具《どうぐ》の置《お》き場所《ばしょ》に
迷《まよ》ったら…
使《つか》い道《みち》を考《かんが》えて
同《おな》じ種類《しゅるい》のものを
まとめてから…
調理中《ちょうりちゅう》に使《つか》う
洗《あら》うのに使《つか》う
キッチンの主役《しゅやく》
火《ひ》と水《みず》の
位置《いち》を参考《さんこう》に
置《お》き場所《ばしょ》を決《き》める
火《ひ》の近《ちか》くに
水《みず》の近《ちか》くに
火《ひ》
水《みず》

エピローグ

最近《さいきん》のある日《ひ》――
そろそろ夕飯《ゆうはん》を…
洗《あら》って水《みず》に浸《ひた》しておいたお米《こめ》を炊飯器《すいはんき》にいれて炊飯《すいはん》スイッチを押《お》して…
ピーッ
麻婆豆腐《まーぼーどうふ》を作《つく》って…
ひき肉《にく》をしっかり炒《いた》めて……と
ニンジンを細《ほそ》く切《き》って少しの塩《しお》でしんなりさせてよく絞《しぼ》って塩昆布《しおこんぶ》と混《ま》ぜて
焼《や》きナスが残《のこ》ってるからあれも出《だ》そう
ピーッ
ご飯《はん》炊《た》けた!

いいよね？これで…
お肉《にく》
緑黄色《りょくおうしょく》野菜《やさい》
大《おお》きめのお茶碗《ちゃわん》にとって各自《かくじ》麻婆丼《まーぼーどん》にする方式《ほうしき》
初挑戦《はっちょうせん》するメニューじゃないけど…
目新《めあたら》しい味《あじ》つけじゃないけど…
しょうゆ
こんぶ
甜麺醤《てんめんじゃん》も豆板醤《とうばんじゃん》も使《つか》ってないみそ味《あじ》の麻婆豆腐《まーぼーどうふ》だけど…
おみそは買《か》ってきたおみそで自分《じぶん》で手作《てづく》りとかしてないけど…
みそ
いいよね？私《わたし》が自分《じぶん》と家族《かぞく》のために作《つく》ってうちで食《た》べるゴハンとしてはこれで十分《じゅうぶん》…だよね？
これまでず———っと

辛《つら》かった
世《よ》の先生方《せんせいがた》の仰《おっしゃ》る
目新《めあたら》しいお料理《りょうり》も…
とってもカンタン！
すっごく美味《おい》しい！
誰《だれ》でも作《つく》れる！
丁寧《ていねい》な暮《く》らしも…
食《た》べることは
生《い》きること
プレッシャーに
感《かん》じてしまって

お言葉《ことば》が
裏返《うらがえ》しに
聞《き》こえてしまう

なのになぜ
やらないの？
どれほど
怠《なま》け者《もの》なの？
食《しょく》に興味《きょうみ》がない
ということは
生《い》きることに
興味《きょうみ》がないのね

なぜなのか
自分《じぶん》でも
わかりません

ちがいます！
生《い》きたいです!!

何《なに》をどこまで
やっておけば
許《ゆる》されるのか…
ルールも
ゴールも
わからない競技《きょうぎ》に
放《ほう》り込《こ》まれて
おろおろと
右往左往《うおうさおう》
し続《つづ》けてるようで

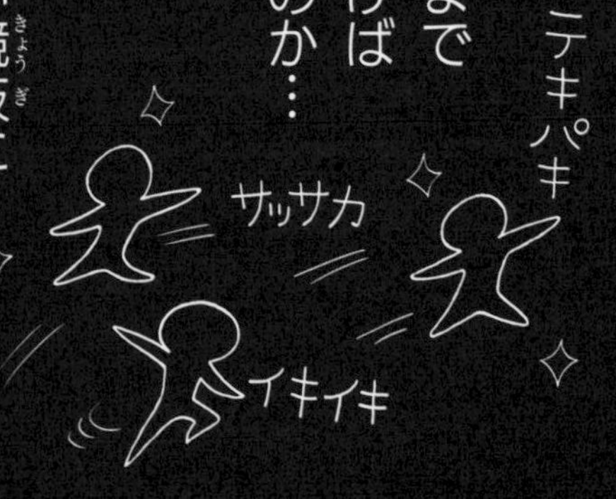

苦《くる》しかった

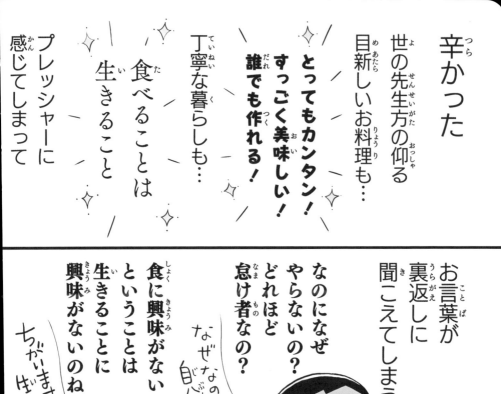

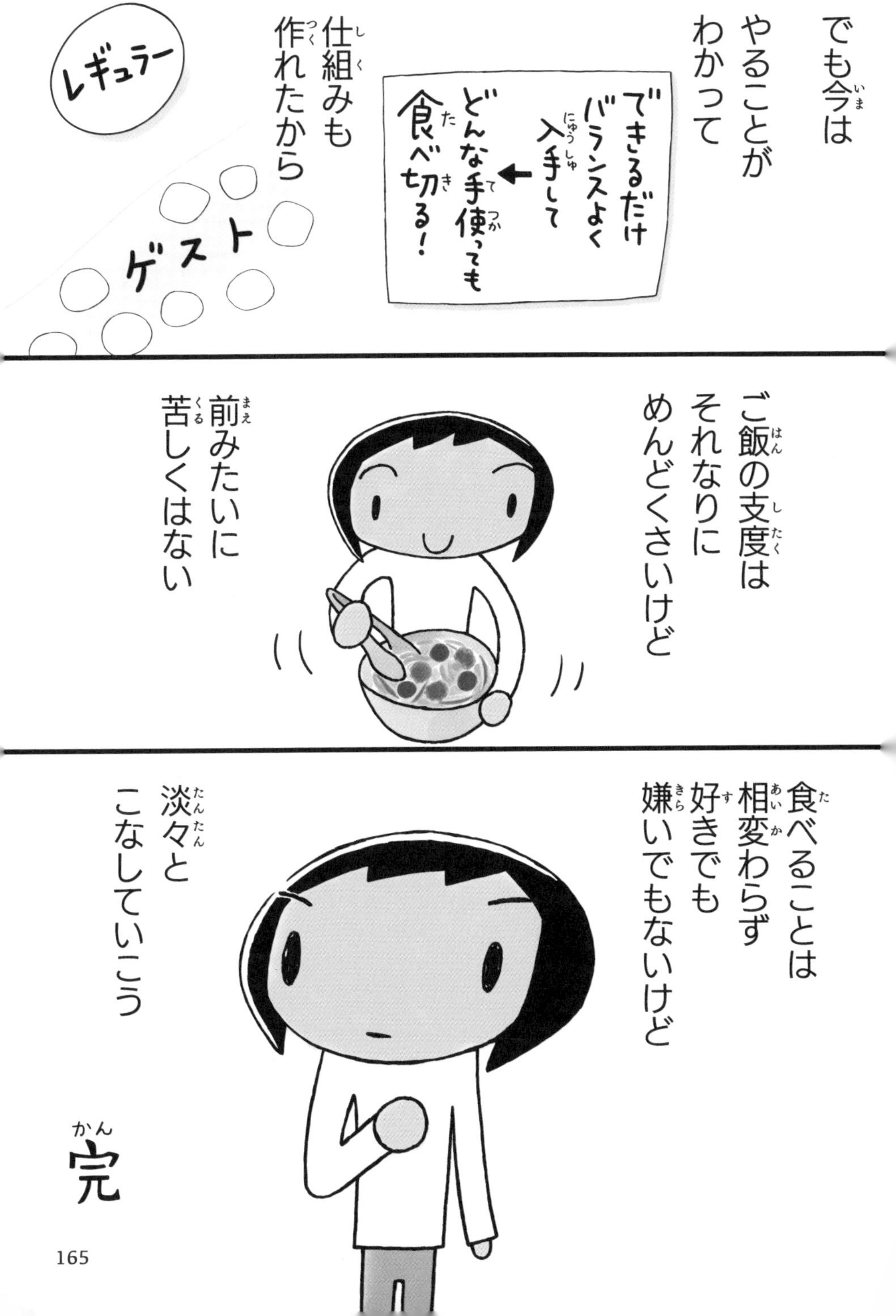
でも今《いま》は
やることが
わかって
できるだけ
バランスよく
入手《にゅうしゅ》して
どんな手《て》使《つか》っても
食《た》べ切《き》る!
仕組《しく》みも
作《つく》れたから
レギュラー
ゲスト
ご飯《はん》の支度《したく》は
それなりに
めんどくさいけど
前《まえ》みたいに
苦《くる》しくはない
食《た》べることは
相変《あいか》わらず
好《す》きでも
嫌《きら》いでもないけど
淡々《たんたん》と
こなしていこう
完《かん》

あとがき

著《ちょ》者《しゃ》の池田《いけだ》暁《きょう》子《こ》です。

本《ほん》書《しょ》をお読《よ》みくださって誠《まこと》にありがとうございます。

私《わたし》にとってお料《りょう》理《り》周《まわ》りのことは矢《や》鱈《たら》ややこしく入《い》り組《く》んでいて、
理《り》解《かい》するのに長《なが》い長《なが》い時《じ》間《かん》がかかりました。

いったんバラバラにして要《よう》素《そ》を拾《ひろ》い集《あつ》め、
自《じ》分《ぶん》なりに組《く》み立《た》て直《なお》したものがこうして本《ほん》という形《かたち》になり、
ものすごくホッとしています。

しつこく考《かんが》え続《つづ》けることができたのは、

これまでの拙著《せっちょ》をお読《よ》みくださった方々《かたがた》のおかげです。
生《い》かしてくださってありがとうございます。
心《こころ》よりお礼《れい》申《もう》し上《あ》げます。

また、唐突《とうとつ》に飛《と》び込《こ》んできた私《わたし》の企画《きかく》を受《う》け止《と》めてくださって、
形《かたち》になるまで辛抱《しんぼう》強《づよ》く伴走《ばんそう》してくださった
トランスビューの工《く》藤《どう》秀《ひで》之《ゆき》さんに、
この場《ば》を借《か》りて心《こころ》よりお礼《れい》申《もう》し上《あ》げます。

読《よ》んで良《よ》かった、と思《おも》って頂《いただ》ける本《ほん》を目指《めざ》しましたが
いかがでしたでしょうか…。
少《すこ》しでもご参考《さんこう》になるところがありましたら幸《さいわ》いです。

2023年《ねん》2月《がつ》
池田暁子《いけだきょうこ》

主《おも》な参《さん》考《こう》資《し》料《りょう》

味覚について

『味のなんでも小事典 甘いものはなぜ別腹？』 日本味と匂学会編 講談社ブルーバックス 2004年
『子どもの味覚を育てる ピュイゼ・メソッドのすべて』 ジャック・ピュイゼ 紀伊國屋書店 2004年
『人間は脳で食べている』 伏木亨 ちくま新書 2005年
『おいしさの人類史 人類初のひと噛みから「うまみ革命」まで』 ジョン・マッケイド 河出書房新社 2016年
『毎日のごはんで、心・からだ・味覚の発達を促す 0～5歳 子どもの味覚の育て方』 とけいじ千絵 日東書院本社 2016年
『子どもの味覚を育てる 親子で学ぶ「ピュイゼ理論」』 ジャック・ピュイゼ CCCメディアハウス 2017年
『The WINE ワインを愛する人のスタンダード&テイスティングガイド』 マデリン・パケット／ジャスティン・ハマック 日本文芸社 2016年

この本によると、味覚が非常に敏感な人(スーパーテイスター)が人口の10~25%いるとのこと。

健康・体について（和書）

『「食べもの情報」ウソ・ホント 氾濫する情報を正しく読み取る』 髙橋久仁子 講談社ブルーバックス 1998年
『食と健康Q&A チョットおかしな情報の見分け方・接し方』 髙橋久仁子 カザン 2002年
『「食べもの神話」の落とし穴 巷にはびこるフードファディズム』 髙橋久仁子 講談社ブルーバックス 2003年
『健康格差社会 何が心と健康を蝕むのか』 近藤克則 医学書院 2005年
『メディア・バイアス あやしい健康情報とニセ科学』 松永和紀 光文社新書 2007年
『フードファディズム メディアに惑わされない食生活』 髙橋久仁子 中央法規出版 2007年
『健康格差社会を生き抜く』 近藤克則 朝日新書 2010年
『ゼロリスク社会の罠 「怖い」が判断を狂わせる』 佐藤健太郎 光文社新書 2012年
『「健康食品」のことがよくわかる本』 畝山智香子 日本評論社 2016年
『「健康食品」ウソ・ホント 「効能・効果」の科学的根拠を検証する』 髙橋久仁子 講談社ブルーバックス 2016年

健康によいとされているものが実際はどうなのかということや、「トクホ」や「機能性表示食品」の成り立ちや実情などについて詳しく書かれています。

『効かない健康食品 危ない自然・天然』 松永和紀 光文社新書 2017年
『健康格差 あなたの寿命は社会が決める』 NHKスペシャル取材班 講談社現代新書 2017年
『健康を食い物にするメディアたち ネット時代の医療情報との付き合い方』 朽木誠一郎 ディスカヴァー携書 2018年

この本の中で「経済合理性」という言葉が紹介されていて、やっぱり…と思った。間違った情報も、効かない健康食品も、ラクに簡単に健康になりたいから買っちゃうし、買う人がいて売れちゃうから（よくないものだとしても経済的には合理的だから）売っちゃう、というようなことになりがち。

『自炊力 料理以前の食生活改善スキル』 白央篤司 光文社新書 2018年
『食品添加物はなぜ嫌われるのか 食品情報を「正しく」読み解くリテラシー』 畝山智香子 DOJIN選書 2020年
『ゲノム編集食品が変える食の未来』 松永和紀 ウェッジ 2020年
『ほんとうの「食の安全」を考える ゼロリスクという幻想』 畝山智香子 DOJIN文庫 2021年

「在宅訪問管理栄養士」の方がお書きになった本。効率よく栄養をとる食事にするための現実的で実用的な方法が具体的に紹介されています。

『70歳からは超シンプル調理で「栄養がとれる」食事に変える！』　塩野﨑淳子　若林秀隆監修　すばる舎　2022年

『バランスのよい食事ガイド なにをどれだけ食べたらいいの？ 第5版』　香川明夫監修　女子栄養大学出版部　2022年

『からだにいいってホント？ 食品でひく 機能性成分の事典』　中村宜督　女子栄養大学出版部　2022年

食品の量やバランスについて詳しく知りたい方はこちらをご覧ください。（こまめに改訂版が発行されているので最新版をお読みください）

健康・体について（翻訳書）

『記憶と情動の脳科学「忘れにくい記憶」の作られ方』　ジェームズ・L・マッガウ　講談社ブルーバックス　2006年

『雑食動物のジレンマ ある4つの食事の自然史［上］［下］』　マイケル・ポーラン　東洋経済新報社　2009年

『あなたの体は9割が細菌 微生物の生態系が崩れはじめた』　アランナ・コリン　河出書房新社　2016年

『腸科学 健康な人生を支える細菌の育て方』　ジャスティン・ソネンバーグ／エリカ・ソネンバーグ　早川書房　2016年

『マイクロバイオームの世界 あなたの中と表面と周りにいる何兆もの微生物たち』　ロブ・デサール／スーザン・L・パーキンズ　紀伊國屋書店　2016年

約100兆。

兆!?

トイレで流す物体の半分近く(-_-)が微生物からできているとのこと。

『ダイエットの科学「これを食べれば健康になる」のウソを暴く』　ティム・スペクター　白揚社　2017年

『人体大全 なぜ生まれ、死ぬその日まで無意識に動き続けられるのか』　ビル・ブライソン　新潮社　2021年

食品や成分などについて詳しく書いてあって参考になった。また、人体には腸内細菌などの微生物がすごく沢山いて重要な役割を果たしているけれど本格的な研究は始まったばかりとのことで、人体ってまだそんなにわかってないことだらけなのかと驚いた。

健康・体について（雑誌・ムック）

『ナショナル ジオグラフィック特別編集 ナショジオと考える 地球と食の未来』　ナショナル・ジオグラフィック編　日経BPムック　2016年

『食の探求』　日経サイエンス編集部編　別冊日経サイエンス205　2015年

『微生物の驚異 マイクロバイオームから多剤耐性菌まで』　日経サイエンス編集部編　別冊日経サイエンス221　2017年

『食の未来 地中海食からゲノム編集まで』　日経サイエンス編集部編　別冊日経サイエンス222　2017年

ドキュメンタリー映画

自分の体を実験台にしたドキュメンタリー。いかにも健康に悪そうな食生活で実際どんどん体調が悪くなっていくのが興味深かった。

『スーパーサイズ・ミー』　モーガン・スパーロック監督　2004年　アメリカ

『デブで病気で死にそう』　ジョー・クロス／カート・エングフェール監督　2010年　アメリカ

『デブで病気で死にそう2』　カート・エングフェール監督　2014年　アメリカ

野菜ジュースだけ！という極端なやり方の是非はさておき、摂るもので体がガラっと変わるのが興味深かった。

『あまくない砂糖の話』　デイモン・ガモー監督　2015年　オーストラリア

『〈主婦〉の学校』　ステファニア・トルス監督　2020年　アイスランド

寮で共同生活を送りながら家事を教わる学校のドキュメンタリー。

この映画ではほとんどの生徒が女子だったけど、男女問わず全員学校に一定期間泊まり込んでみっちり家事を教わったらその後の人生で家事に困ることが減りそうだと思った。

写真集

『地球の食卓 世界24か国の家族のごはん』　ピーター・メンツェル＋フェイス・ダルージオ　TOTO出版　2006年

『地球のごはん 世界30か国80人の〝いただきます!〟』 ピーター・メンツェル+フェイス・ダルージオ TOTO出版 2012年

「世界中の様々な場所の人と食べ物がセットで見られてすごく面白い。

料理周りのあれこれの本

『食生活を探検する』 石毛直道 文春文庫 1980年

『働く女性のキッチンライフ 手早く、うるおいのある食卓を作る方法』 小林カツ代 大和書房 1983年

『情報の家政学』 梅棹忠夫 ドメス出版 1989年

『変わる家族 変わる食卓 真実に破壊されるマーケティング常識』 岩村暢子 勁草書房 2003年

『きょうも料理 お料理番組と主婦 葛藤の歴史』 山尾美香 原書房 2004年

『〈現代家族〉の誕生 幻想系家族論の死』 岩村暢子 勁草書房 2005年

『普通の家族がいちばん怖い 徹底調査!破滅する日本の食卓』 岩村暢子 新潮社 2007年

『フランス料理の学び方 特質と歴史』 辻静雄 中公文庫 2009年

『うちのご飯の60年 祖母・母・娘の食卓』 阿古真理 筑摩書房 2009年

『家族の勝手でしょ! 写真274枚で見る食卓の喜劇』 岩村暢子 新潮社 2010年

『移民の宴 日本に移り住んだ外国人の不思議な食生活』 高野秀行 講談社 2012年

『昭和の洋食 平成のカフェ飯 家庭料理の80年』 阿古真理 筑摩書房 2013年

『ファッションフード、あります。 はやりの食べ物クロニクル 1970-2010』 畑中三応子 紀伊國屋書店 2013年

『集英社クオータリー kotoba 2014年春号「食べる」って何? 食の奥深き世界に迫る』 集英社 2014年

『ライムスター宇多丸のウイークエンド・シャッフル〝神回〟傑作選 Vol.1』 TBSラジオ編 スモール出版 2015年

『小林カツ代と栗原はるみ 料理研究家とその時代』 阿古真理 新潮新書 2015年

『ダメ女たちの人生を変えた奇跡の料理教室』 キャスリーン・フリン きこ書房 2017年

『料理は女の義務ですか』 阿古真理 新潮新書 2017年

『残念和食にもワケがある 写真で見るニッポンの食卓の今』 岩村暢子 中央公論新社 2017年

『愛と家事』 太田明日香 創元社 2018年

『料理が苦痛だ』 本多理恵子 自由国民社 2018年

『「家庭料理」という戦場 暮らしはデザインできるか?』 久保明教 コトニ社 2020年

『つくる たべる よむ』 本の雑誌編集部 本の雑誌社 2020年

『食べることと出すこと』 頭木弘樹 医学書院 2020年

『料理に対する「ねばならない」を捨てたら、うつの自分を受け入れられた。』 阿古真理 幻冬舎 2021年

『人気レシピ本が教えてくれたラクしておいしい令和のごはん革命』 阿古真理 主婦の友社 2021年

アメリカのお話なので自分の食生活にあてはまらないところも多いけれど、困ってる方々のお話に共感できるところが多くて面白かった。

食についての本が沢山紹介されていてとても参考になった。

岩村暢子さんの御本は叱られてるような気がして読んで辛いけれど、調査の内容や考察がすごく参考になった。

食の流行についての本。「ファッションフード前史(1772〜1969)」として江戸時代以降のこともカバーされていて、何がいつ頃からあるのかわかって面白かった。装丁も凝っていてお洒落。

様々な方向からのお話が載っていて面白かった。

福田里香さんの、映画『七人の侍』などに出てくる食べ物のお話が面白かった。

阿古真理さんは私と同世代で御著書の内容に腑に落ちる点が多くてとても参考になった。

食事と排泄がうまくできない難病にかかってすごく苦労された方の御本で面白いということが憚《はばか》られるのですが…「食コミュニケーション―共食圧力」などについて書かれていてめちゃくちゃ面白かった。

『現代思想　２０２２年２月号　家政学の思想』　青土社　２０２２年

『食べるスポーツ　フードファイターの挑戦（みんなの研究）』　小林尊　偕成社　２０２２年

スポーツとしての大食いを極めた方の御本。ストイックで格好いいと思った。
食べ物への視点が自分と全然違っていて面白かった。

中学校の教科書

『技術・家庭［家庭分野］』　開隆堂　２０１５年文部科学省検定済　２０１７年発行

『技術・家庭［家庭分野］』　開隆堂　２０２０年文部科学省検定済　２０２２年発行

『新編　新しい技術・家庭　家庭分野　自立と共生を目指して』　東京書籍　２０１５年文部科学省検定済　２０１７年発行

『新編　新しい技術・家庭　家庭分野　自立と共生を目指して』　東京書籍　２０２０年文部科学省検定済　２０２２年発行

『Ｎｅｗ技術・家庭　家庭分野　くらしを創造する』　教育図書　２０２０年文部科学省検定済　２０２２年発行

料理の本

『ホーム・ライフ　第三巻　毎日の食事』　講談社編　講談社　１９６２年

細かい字でびっしりと家のことが書かれている。「新しい暮らしの家庭百科」というキャッチコピーのついた全10冊のハードカバーのセット。挟まっていたリーフレットには

「時代は変りました。お母さまにはわからない、あなたの暮らし。あなたの疑問は、あなた以外には解決できない、そこでこの本が誕生しました。」「あなたが選んだ男性のように、いつまでも、おそばにどうぞ」

とあり、孤独に本で勉強して家族に尽くすことを期待されてるのかと
ちょっと辛い気持ちになった。

『向田邦子の手料理』　向田和子監修・料理製作　講談社編　講談社　１９８９年

↑おすすめ！

『別冊ＮＨＫきょうの料理　おいしさのコツ教えます　ぜひ覚えたいおかず』　日本放送出版協会編　ＮＨＫ出版　１９９２年

『土井勝　日本のおかず５００選』　土井勝　監修　テレビ朝日事業局出版部　１９９５年

『１００文字レシピ』　川津幸子　オレンジページ　２０００年

『土井家の「一生もん」２品献立　みんなが好きな「きれいな味」の作り方。』　土井善晴　講談社　２００４年

『ふだんの料理がおいしくなる理由「きれい」な味作りのレッスン』　土井善晴　講談社　２００９年

まるでマンツーマンの料理教室のようにとても丁寧に詳しく、一つ一つのお料理の作り方や食材の扱い方についてきちんと美味しく作る方法を教えてくださっています。

『きのう何食べた？［１］』　よしながふみ　講談社　２００７年

『ｓｙｕｎｋｏｎカフェごはん』　山本ゆり　宝島社　２０１１年

『ビギナーさんいらっしゃい！　ゆる自炊ＢＯＯＫ　料理って意外に簡単らしい』　オレンジページ　２０１６年

キッチンのスペースの使い方や道具のことも一通り載ってるし写真も多くて見やすいので、料理は完全に初めて！という方によさそう。

『一汁一菜でよいという提案』　土井善晴　グラフィック社　２０１６年

『ビギナーさんにささぐ！　ゆる自炊弁当ＢＯＯＫ　弁当作りも意外に簡単らしい』　オレンジページ　２０１７年

『世界一美味しい手抜きごはん　最速！　やる気のいらない１００レシピ』　はらぺこグリズリー　ＫＡＤＯＫＡＷＡ　２０１９年

食材や調味料の量や、作る時の手順が、パッと見てわかるように工夫されていてお料理に慣れてない人でも使いやすそう。

『リュウジ式　悪魔のレシピ　ひと口で人間をダメにするウマさ！』　リュウジ　ライツ社　２０１９年

『カレンの台所』　滝沢カレン　文・料理　サンクチュアリ出版　２０２０年

言葉の使い方が独特で、ちょっとオモシロイ風にも見えるのですが、その実、極めて真剣に、お料理中の実感（食材や調味料の分量や調理のタイミングなど）をできる限り正確に伝えてくださっている感じがします。

『ｓｙｕｎｋｏｎカフェごはん７　この材料とこの手間で「うそやん」というほどおいしいレシピ』　山本ゆり　宝島社　２０２０年

人気シリーズの10作目。187レシピ掲載

『リュウジ式　至高のレシピ　人生でいちばん美味しい！　基本の料理１００』　リュウジ　ライツ社　２０２１年

より美味しくするためのひと手間的なことがしっかり入っているレシピです。QRコードが載っていて、YouTubeの動画とセットで見られるようになっています。

とてもたくさんの種類の料理を作りたい、または諸事情により作らざるを得ない、という方によさそう。世話焼きの先輩があれこれ親切に教えてくださってる感じ。

池田暁子 Kyoko Ikeda

1969年、愛媛県出身。イラストレーター・マンガ家。愛媛県立松山東高等学校・神戸大学教育学部教育学科卒業、筑波大学芸術専門学群中退、セツ・モードセミナー修了。編集プロダクションやデザインプロダクション等を経て、2002年よりフリー。
おもな作品に『片づけられない女のための こんどこそ！片づける技術』『貯められない女のための こんどこそ！貯める技術』『人生モグラたたき！』（文藝春秋）、『必要なものがスグに！とり出せる整理術！』『1日が見えてラクになる！時間整理術！』（メディアファクトリー）、『思ってたウツとちがう！「新型ウツ」うちの夫の場合』（秋田書店）などがある。
https://www.ikekyo.com/

池田《いけだ》暁子《きょうこ》の必要《ひつよう》十分《じゅうぶん》料理《りょうり》

2023年3月20日　初版第1刷発行
2024年5月20日　初版第2刷発行

著　者　池田《いけだ》 暁《きょう》 子《こ》

発行者　工藤秀之

発行所　株式会社トランスビュー
〒103-0013　東京都中央区日本橋人形町2-30-6
電話　03-3664-7334
URL　http://www.transview.co.jp/

ブックデザイン　白畠かおり

印刷・製本　モリモト印刷

ISBN 978-4-7987-0188-2 C1077